新商业文明

从利润到价值

[美] 乌麦尔·哈克◎著
(Umair Haque)

吕莉◎译

THE NEW CAPITALIST
MANIFESTO
Building a Disruptively
Better Business

中国人民大学出版社
·北 京·

塑造人人创造价值的新商业文明

张瑞敏

海尔集团董事局主席、首席执行官

为了推动企业快速转型，我每年阅读大量的书，个人感觉从微观视角解读商业形态的书很多，但从宏观角度透视新时代商业文明的书很少，从这点上看，《新商业文明：从利润到价值》的出版具有时代意义。

新商业文明关注企业与用户、社区、环境、后代、社会的关系。旧商业文明的宗旨是企业长期利润的最大化和股东第一，本质是以企业为中心。但互联网时代人人都是中心，企业应更关注用户的终生价值以产生可持续的利润，更关注社会、用户、员工和环境的关系，构建一种"共创、共享、共治"的新商业文明。

传统商业模式必须快速颠覆

一百年来的管理思想一脉相承，概括起来主要有三个理论基础：弗雷德里克·泰勒的科学管理、马克斯·韦伯的科层制组织理论和亨利·法约尔的一般管理理论。基于这三大理论的管理都是线性管理，是以企业自我为中心的零和博弈，无法适应互联网时代的发展。

互联网的冲击可以概括为零距离、去中心化和去中介化，对企业管理是全方位的颠覆：商业模式从分工式颠覆为分布式，制造模式从大规模制造颠覆为大规模定制，消费模式从产品经济颠覆为体验经济，企业只有全面颠覆才能获得新生。

海尔从 2005 年开始进行人单合一双赢模式的探索，让员工从被雇佣者变为创业者、动态合伙人，成为创客与用户融合。为了实现这一点，我们将科层制组织颠覆为网络组织，将企业付薪颠覆为用户付薪，将传统工厂颠覆为互联工厂。这一系列变革都是为了与用户零距离，探索互联网时代的商业模式。

新商业文明的核心是员工价值第一

面对新时代的冲击，有些企业虽然已经做了一些改良或探索，但"商业发展方式的老一套还没有改变"，就像书中所说，企业家觉得"最重要的依然是利润、增长、股东价值"，这反映出在所有的变革中，观念的改变是最困难的。

传统企业追求股东第一，但没有员工根本无法保证股东利益。从本质上看，真正创造用户价值的是员工而非股东，因此互联网时代的商业逻辑之一应是员工第一，激发员工的创造力。

海尔创业 30 余年来始终认为，企业最重要的资产是人，"企业即人，人即企业"，企业资产负债表上的资产再好，它也不能增值，只有人才能增值。现在海尔从制造产品的企业转型为孵化创客的平台，坚持"世界就是我的人力资源部"，开放吸引全球一流人才，最终实现可持续的增长。这种方式从根本上保护了股东利益。

创造有意义的价值而非盲目增长

本书中关于经济价值的观念非常值得企业经营者深思，在新的商业文明中，利润让位于价值，因为利润只是结果，而价值创造则是商业精神的实质。例如，书中提到"21 世纪经济学提出的最大问题是：盈利是否一定要以经济损害为代价？"在新的商业文明中，"必须将经济损害降到最低，将真正的经济价值创造提到最高"。

传统企业就像在跑步机上跑步，总是追求产品产量，根本不知道用户是谁，不断陷入压货、库存、降价的恶性循环。海尔的人单合一模式就是要每个员工都找到自己的用户，变匿名的顾客为交互的用户。

法国诺贝尔经济学奖得主让·梯若尔曾说过：传统时代是单边市场，互联网时代则是双边市场。单边市场只是交易，而双边市场一定有第三方参与。海尔现在探索共创共赢的生态圈，我们创造出共赢增值表、顾客价值表等管理工具，目的就是驱动员工创造用户终生价值，使有意义的价值常态化。

　　黑格尔在《小逻辑》中有一句话说得很好，"熟知并非真知"，很多我们熟悉的经典理念，在互联网时代都不是真知，我们必须颠覆它。从这个意义上讲，每一名管理学界和企业界人士，都应该读一读《新商业文明：从利润到价值》这本书，去体会并实践书中的新理念。

站在月球看地球，世界呼唤新商业文明

项 兵

长江商学院院长、中国商业与全球化教授

取势于新自由主义、信息民主化与新一轮全球化浪潮，中国在过去三十多年的改革开放中，收获了举世瞩目的经济增长，但近年来，曾经有效的增长模式受到了挑战。中国在企业发展模式、社会变革与发展方面均亟待转型。站在月球看地球，全球更是处于一个多种、多维变革集中的时代。各种颠覆性力量重塑着商业环境，也呼唤着新商业文明。

商业环境的变化之一，即全球经济被"中国化"的可能性不断增强。多年来，中国享受了其经济被"全球化"的果实，贸易与投资额不断攀升，企业经营能力得到一定改善，但在这个"世界工厂"中，中国企业价格竞争较多、价值竞争较少；模仿追随较多，创新引领较少。可喜的是，一批像华为、万达、吉利、复星、海尔、美的这样的企业正在积极尝试整合全球资源，在"你中有我，我中有你"的合作模式中，实现创新与价值创造。未来十年，更多的中国企业将以新视野、新思维、新对策、新组织，对接全球资源，实现全球布局，甚至与全球优秀企业协同建立本书作者所提倡的价值循环。这将给全球经济打上"中国烙印"。与此同时，全球贸易投资体系以及全球治理格局将继续寻找新的平衡点，在此过程中，中国力量会成为一股不可或缺的重大力量。这就是我几年以前提出的全球经济或将被中国化。

变革与挑战不仅来源于经济与政治体系，亦来源于人和自然的关系。人与自然出现了失衡，气候变化与可持续发展问题不容忽视，而这些问题的根源在于人类的集体短视。从经济到政治，从西方到东方，人们都迫于当下的某种压力，追求眼前成效和短期利益；在国家治理、经济发展模式、企业管理及全球治理等各种系统中，缺乏对人类生存环境保护等重大问题的长线安排和呵护。

具体来说，政治治理的短周期性，使气候变化、均衡发展和文明冲突等长远问题让位于就业、民生、经济增长等眼前矛盾。经济全球化与政治本土化的不协调，以及有效全球治理体系的缺位，使全球经济发展不平衡、不均衡、不协调且诸多社会发展问题得不到有效解决，短期性矛盾不断堆积。企业的短视行为更加显而易见，短期盈利与股东当期回报是其首要目标。不得不承认，传统商学院的教育也许间接导致了这种短视，许多课程设计过于关注经商之术，而未能与学生探讨"为何经商"这一首要问题，以及如何使用和处置财富。科技创新层出不穷，影响力越来越大，手握先进技术的巨大杠杆却缺少长线思考的人类，自掘坟墓的系统风险与日俱增。借用本书作者的比喻，人类已失去资源充足的"狩猎场",而仅剩一叶"方舟"。

若想触及未来的美好,财富分配失衡及社会流动性下降等问题,也必须得到有效解决,全球化分工破坏了一些发达国家原有的"橄榄形"社会结构,新兴国家也面临着如何扩大中产阶级的难题。全球范围内的社会流动性下降将在一定程度上影响经济的效率与发展潜力。经济的可持续增长离不开社会的"智慧增长"。如何实现市场与社会的平衡,如何实现包容性增长,如何构筑和谐社会,都亟待政府与企业进行深思与创新。

2008年全球金融风暴以来,中国对全球经济增量的贡献无可置疑居世界第一,对于全球经济的发展与稳定做出了不可或缺的贡献。面向未来,在解决全球环境、经济发展与社会进步等问题方面,中国应有更多作为。中国企业能做的首要一点,是建立全球视野及全球责任担当,这也是新商业文明的一个核心要素。中国企业不能仅仅关注自己的问题、中国的问题,而是应通过对接全球优质资源,创造出具有全球影响力的思想与科学,进而建设性地改变世界。

过去,中国企业家更多地为了"创富"而创业、创新,这只能产生本书作者所定义的"薄价值"。未来,更多的中国企业家应当有理想、敢担当,能超越仅仅对财富的追求,为利益相关者谋福利,为社会创造"厚价值",为解决全球重大问题做出自己应有的贡献。世界需要来自中国的亚当·斯密,来自中国的特斯拉。

关心和解决全球问题,企业家或许需要进行"心态"调整。急功近利、不顾社会责任,在短期内或会帮助企业积累财富,但长远来看,它将为企业与社会的可持续发展埋下隐患。过于重视利润最大化，而忽略对消费者利益的考量、对员工权益的保障、对合作伙伴的尊重，以及对商业道德规范的执行，对环境保护的承诺，对公益事业的投入，都将阻碍一家企业成为伟大的商业机构。面向未来，中国企业家应以耐心与感恩之心，实现持续盈利；与政府、民间团体一道，共同解决社会问题，在促进经济发展的同时推动社会进步。

更为深远地，在新的商业环境与新商业文明中，中国应勇于实现全球引领。从 1840 年到现在，东方与西方的交流往往是单向的。中国不能永远做追随者、复制者。随着中国的再次崛起，东西方"双向交流"的时代或许已经到来。中国古代先哲的智慧或可解决当今人类发展面临的挑战，"和而不同""天人合一"的思想在全球治理、可持续发展等方面具有突出价值。

2015 年 8 月，"改变世界的公司"榜单首次问世，这反映了人们在关心哪家企业最赚钱的同时，开始关注哪家企业对全球重大社会和环境问题做出了重大贡献，亦说明社会对建设型企业的期待。本书正是向读者展示了这类建设型企业的新商业理念，为读者解析了企业创造新型竞争优势的关键。同时，本书为传统企业蜕变为建设型企业提供了"清单"，它们将激发读者思考，在新商业文明下，企业应以何种生产及竞争方式向社会提供更有意义的价值。

未来，如果中国能够培育更多创造"厚价值"的、改变世界的新型企业，能为实现世界可持续的、包容性的发展做出自己应有的贡献，真正实现"取势、明道、优术"，那么世界就将知晓中国与中国企业的崛起之道。

商业的本质

加里·哈默

战略管理大师

我是商业的信仰者，也是实践者。我相信最好的经济系统对企业家精神和冒险精神一定会有助益，相信它可以将客户选择最大化，由市场分配稀缺的资源，尽量减少政策层面给商业活动造成的负担。然而若真的存在促进商业繁荣的更好办法，我到目前为止却没有见到——你也没有。

那么，为什么商业实践中有如此多的问题？为什么在发达国家，大多数消费者都怀疑股份制公司是否真的对社会有益？为什么企业领袖被认为在道德上不如记者甚至律师？为什么在电影里CEO们总被塑造成恶棍而不是英雄？为什么大家天然地认为大公司会做坏事，如破坏环境、剥削员工、误导消费者，等等？

对这种情况，有人将之归咎于华尔街。2009年3月，英国《金融时报》宣称："信用危机摧毁了人们对自由市场理念的信心，而这一思想体系已统治西方整整十年。"那些竭力控制次贷危机蔓延的中央银行的银行家们，甚至担心资本主义是否能撑过这次危机。观点偏激的记者和哗众取宠的政客扬言，至少有必要创造一种新的商业秩序——企业领袖要臣服于国家，权威的政策制定者应对混乱的市场进行管控。

虽然我们不能低估那些爱冒险的金融家所具有的破坏力，但真正威胁商业体系的并不是肆无忌惮的金融手段。利益相关者对商业在未来社会所起的作用已经有了不一样的看法，但企业领袖没有能力（或不愿意）面对这种变化。近年来，消费者和民众对隐性合同越来越不满，而合同是用来制约社会最有力的经济体（大型工业化公司）的权利和责任的。对很多人来说，这种合同是单方的——对 CEO 和股东来说适合，但对其他人并非如此。

你并不是非要读 *Adbusters*① 或者成为绿色和平组织的付费会员才能了解大型企业的获利方是谁。当提到"自由市场"，有很多东西值得怀疑：食品业长期非法地使用反式脂肪酸；默克公司否认关节炎止痛药 Vioxx 的副作用；Facebook 明显漠视消费者的隐私；BP 公司对环境问题的不尊重令人震惊；令人厌恶的产品广告每天夸大其辞，售后服务人员却只会推卸责任。

如果世上的人们对商业都失去了信心，那是因为多年来商业辜负了大家的信任。从这种意义上讲，商业或企业家面临的

---

① 加拿大一家非营利性的、为保护环境而反对消费主义的组织出版的双月刊杂志。——译者注

威胁更加真实、更加严重，其严重性超过了过度举债的银行家所造成的影响。所谓真实是指，威胁并不是来源于火箭制造专家制定的疯狂方案，而是来自普通人缓慢地逐渐积累的沮丧和焦虑；而严重则是指，问题是真实存在的——体现了世界观的基本偏移，这不能轻易解决，也无法通过政治宣传和抚慰人心的广告而削弱。

毫无疑问的是，迄今为止，当前的商业体系没有对手。就如同民主制一样，除了某些好处之外它糟糕透顶——但是我们每个人都能尽一分力让它变得更好。如果我们不这么做，那么商业在承担责任方面的短视造成的不满会使人们转而大胆地认为，企业家应该听从某些人的主张，积极废除市场中"看不见的手"而倒向国家铁腕。

我认为，这并不是我们希望看到的结果。虽然为市场穿上政策的紧身衣会防止我们受市场混乱之苦，但也剥夺了我们享受市场带来的收益的权利。因此，我们希望企业领袖能正面这一现实：期望中的一场不可逆转的革命即将到来。

我相信，虽然很多企业领袖不愿意承认，但上百万消费者和普通大众都已经认识到这样一个事实：在过去100年间，推动"现代"经济前进的传统生产模式已经走到了尽头。就像一台破烂不堪的机器被铁丝和胶带勉强捆住，工作效率极其低下，还在吞云吐雾地冒着毒气。

一个多世纪前，有人发明了这个吱呀作响、原始笨拙的机器。虽然我们心怀感激，可当这个庞然大物终于被搬到废料场，被更为先进的设备取代时，我们还是十分欣喜。

我们知道未来并不是通过对过去的推断而来。作为工业革命的子孙，我们早就明白一个道理：不加控制地追求更多，只能导致不可持续的状况发生，而且最终得不偿失。我们的星球、我们的安全、内心的平静以及我们的灵魂都渴求某种更佳的发展模式，那是一种不同的模式。

因此，我们期待一种更善良、更温和的商业秩序——不仅仅把我们当作"消费者"，而是理解消费最大化与生活质量最大化的区别，不通过牺牲未来来换取现在的幸福，对我们所在的星球怀有敬畏之心，其目的是减少世界的不平等，而不是从中攫取利益。

是什么阻碍了我们创造一个有良心、有责任感、可持续的商业秩序？实际上，长期来看，这种机制才是符合我们生存需求的。

我认为，其原因在于一整套根深蒂固的理念，关于商业的目的、服务的对象，以及商业如何创造价值的理念。许多理念几乎已成为权威的教义，至少很多商学院毕业生或曾在全球排名前1 000的公司中任职几十年的人都这样认为。然而，我们如今所处的商业时代，诸多基本信条都需要重新审视。

以下理念尤其需要接受挑战：

- 商业行为的最高目标是赚钱（而不是通过经济、高效的方式改善人类生存状态）。
- 企业领导者只对他们行为所造成的短期影响负责（而不是对他们一意孤行追求增长和利润所造成的第二级、第三级后果负责）。

- 根据短期业绩表现对企业负责人给予评价和酬劳（而不是长期的价值创造能力）。
- "品牌"的建立依赖于市场资金的投放（而不是公司的方方面面在社会上塑造的形象）。
- 公司的"客户"是购买产品的人（而不是受公司行为影响的人）。
- 利用消费者的无知或通过限制消费者的选择来赚取利润被认为是合法的。
- 客户只关心产品的性能和价格（而不关心产品在生产和销售过程中产生的正面价值或负面危害）。
- 客户是终端用户（而不是产品的价值创造和价值分享的完全参与者）。
- 当客户被忽视、操纵、蒙蔽、愚弄、欺骗时，他们会选择私下处理怨气（而不是和其他受害者共同结成联盟在公众场合反击伤害他们的企业）。
- 公司可以通过市场力量或政府杠杆来阻止破坏自身利益的科技成果或阻挡新兴的、非传统型竞争对手。
- 员工首先是人力资源，其次才是人。
- 与商业相关的概念是竞争优势、聚焦、差异化、优越性、卓越（而不是爱、喜悦、荣耀、美、正义）。

　　以上这些理念真正地威胁到了当前的商业体系。自从通用汽车的前董事长查尔斯·威尔逊宣称"对通用有利的就对美国有利"，过去的75年里这些理念变得越来越没有吸引力且站不住脚，显得十分自恋和任性妄为。

　　我可能属于当前商业体系的热情支持者，但我同时明白个体享有不可剥夺的神圣权利，这是企业所不拥有的。社会可以向企业提出任何要求。当然，作为消费者和公民，我们必须认识到公司不可能医治所有的社会疾病或提供所有形式的社会福利。必须承认，管制严格的体制可使我们免遭商业之恶，但也会使我们无法享受其带来的益处。

　　企业领袖需要明白，当今他们所面临的选择和所有青少年要面对的困难是一样的——要么带着责任感上路，要么失去驾驶资格。

　　以上是您在捧起这本书时需要了解的基本内容，但这本书的作者乌麦尔·哈克论述得更加详细，比我介绍的要深入得多。他提出了诸多新的理念，这将替代工业时代短视又局限的假设；他提炼出大量珍贵的商业案例，让我们了解到很多企业已经开始接受新型商业体系的挑战。他以足够的热诚与智慧为我们上了完美的一课：在注重社会责任的新时代，一种既能赚取利润又能兼顾社会影响力的商业模式是可能实现的。本书不仅是一种新商业文明的宣言，也是创建 21 世纪新型企业的蓝本：客户拥戴、同行艳羡，同时也将赢得所有关注这个星球未来的人们的尊重。

　　1776 年，世界进入风云诡谲的漩涡之中，变革的风暴席卷全球：市场大发展，国际贸易激增，中产阶级崛起，开创性科技迅猛发展，新型商业实体层出不穷。在同时代的人震惊于诸多混乱之时，亚当·斯密却看到了常人无法想象的机会。

　　在《国富论》中，亚当·斯密以惊人的远见描述了与当时商业状况截然不同的未来：重商主义者、贵族和农民运动成员将被后来居上的资本家代替。想象一下，这是多么敏锐！1776 年，拉货载人的工具仍然是马车，蒸汽机直到下个十年才出现；当时支撑经济的核心力量仍然是家庭作坊，这种规模连中型公司都算不上。土地、作坊、工具以及各种权利都集中于贵族手中，他们的后代将一直保有继承权。股份公司仍然属于新鲜事物，需要政府授权或者皇家特许。直到 1850 年，股份公司的无限责任才足够大，股东则会因亏欠债务而被判入狱。组织力量的主要协调方仍然是在将触角四处蔓延、传说中赫赫有名的各种行会，如伦敦城市五金公司行会（还有木匠行业商会、餐饮行会、布商公会，等等）。这种保护主义的管理宗旨就是，放任自由主义是令人担忧的，先锋性是危险的。

简而言之，在当时的环境下，没人会预见到商业的发展将达到今天的规模。然而，亚当·斯密却拨开迷雾，细致入微又冷静理性地阐述了他对未来繁荣的真知灼见。虽然之后有多部类似作品问世，亚当·斯密的论述一直被认为是商业社会的经典，是工业时期经济繁荣的奠基之作。

我此处要提出的问题是：商业社会在今后有没有可能再次出现相当于亚当·斯密当时所预见到的那种程度的巨变？如若21世纪的经济发展与工业时代的差别相当于工业时代与史前时代的差别，会怎样？想象一下，亚当·斯密所处的瞬息万变的时代和我们当今的时代是多么相似。从全球来看，互联网已经大大促进了超链接。从前被认为是第三世界的国家已一跃进入中等行列。新兴技术，如清洁科技、纳米技术等，使从前难以想象的事物成为可能。"公司"已经裂变成多样的商业实体，如公益企业、对冲基金、"更美好的"企业（"for benefit" corporation）等。正如过去一样，现在的世界正在完成蜕变。

我不是亚当·斯密，但是请随我一同在想象的世界中畅游一番，我们将以新的视角来展望生产、消费和交换。在这场探险中，我们要看看外界环境是如何重塑赢利模式、经营方式和企业优势的；我们要深入考察商业、金融和贸易将有可能——仅是有可能——经历的转型。更重要的是，这些形式是如何获得变革能力的。正如亚当·斯密所讲，让我们大步跨过熟知的商业、金融和贸易形式的限制，向工业时期商业版图之外探索，去寻找未来经济繁荣的处女地。

有这样一个故事。1494年，一位方济会的修士出版了一本轰动一时的著作，虽然题目冗长拗口——《算术、几何、比及比例概要》——但迅速在古登堡的出版行业中蹿红。作者卢卡·帕乔利记录了威尼斯商人的记账方式，确立了我们今天的复式记账法——每一笔交易要同时记在两个账簿上以平衡资金流入与流出。快进到1994年：国际可持续发展先驱约翰·埃尔金顿发明了术语"三重底线"，提出记账系统要包括交易的财务状况，也要考虑社会和环境盈余。从记账雏形的诞生到新型财会模式的萌芽经历了漫长的500年。

想想生活中一个接一个的变革。乔纳斯·索尔克发明的脊髓灰质炎疫苗，20世纪60年代的绿色革命，晶体管的发明，以及互联网的诞生。然而，商业世界的大部分基础性变革即便发生，进程也很缓慢。事实上，一些变革早在亚当·斯密学说出现之前就已经存在，并不是他的发明。他的才能在于，首次将这些现象串联起来并描绘出一幅更大的画卷。从前的流水线，今天称作价值链，最早是由英国的工业家在18世纪首先使用的；股东价值的概念在20世纪80年代得到了专业学者的认可，而这是对18世纪兴起的股份制公司的聪明改良，公司则诞生于17世纪大航海时代。如今，我们仿佛处在复式记账法和"三重底线"的500年间隔里，并没有什么重大发现产生。有没有人想一想，为什么如此多的公司和经济体都在努力地应对21世纪带来的挑战？

正如吉萨金字塔群经历了数个世纪已经渐渐破损，经济世界的重大发明也不是一成不变、永存不灭的。比如，我们很容易理解，15 世纪建立起来的记账方式可以为丝绸和香料商很好地保存他们的交易情况。但当时交易量有限，21 世纪的全球贸易仅仅通过原来的记账方式将难以准确记录。经济活动剧烈的波动性、资源稀缺的加深、股东的参与度提升、影响力向从前被称作消费者的人群转移——这些只是挑战昨日巨擘的少数因素。无论公司、国家，还是相关的人员，都发现曾经根基稳固的重要原则存在弊端，新的时代需要新的理论支撑。今天，商业格局处于变动之中，昨日饱经风霜、陈旧不堪的理念开始瓦解。

你当然不会在股票交易大厅使用 20 世纪 80 年代的终端机，也不会让经销商船队使用 20 世纪 50 年代的发动机，你可能也不会用信鸽来向公司总部传送重要消息。那么，为什么现在的公司、国家和全球经济体要把经营理念建立在古老破旧、摇摇欲坠的理念上呢？建立新的理念就如同创造一门新的艺术。本书不仅仅是对一批新世界创造者壮举的记录，更重要的在于，要为他们试图塑造的新理念勾勒出轮廓。

我的目标就是助你成为 21 世纪商业界的领头羊，成为新理念的塑造者。新的理念就蕴藏在今日的经济活动之中，它将对未来产生强有力的、深邃而又持久的影响。在本书中，我将讨论制度创新的概念，如何进行制度创新将成为获得更高层级竞争优势的关键。我提供的蓝本，可以帮助大家想象继而创造新的理念，帮助大家不仅能收获更多利润，而且能收获更有影响力的价值。

以上是对本书内容的界定，接下来要说明的是什么不属于本书所涉及的范围。当有人问米开朗基罗工作的秘密时，他回答："每块石头都藏着一个形象，雕塑家的任务就是把它找出来。"我可以是一个引路人、精神导师，或者被称作咨询师，但我无法发现你石头里藏着的雕像。虽然后面将出现很多商业案例，但其目的并不是要号召大家去模仿。我不希望大家去追随某个榜样，而是希望你是树立榜样的人。我最为期待的，是你能理解为什么创新者想要建立一种新的理念，他们从中收获了什么，以及这种机制如何运转——然后，你去发现自己石头里面的雕像。我的见解远不如你的视野、抱负和激情重要。因此，请不要把这本书看作清单，而是要把它视为工具箱。我可以给你提供凿子、锤子、楔子、刷子，但只有你才是雕塑家。

在这种新商业文明中，企业、国家乃至整个经济社会都能获得更高水平的优势，在这样的新商业文明中，更远大的目标将会唤醒每一位员工、顾客及未来潜在顾客未开发的潜能，而不是埋没这些潜能。创新将会变得像呼吸一样自然，创造力的火花将会自然地被点燃，而不是为了迎合大众的趣味浇灭创造力的火苗。在这样的新商业文明中，企业所做的事情具有了更深层次的意义，枯燥的重复性的工作将被更有挑战性的提升灵魂的工作取代。在这样的新商业文明中，真实的权力来源于共同的信念，而非来自更甜的胡萝卜和更严厉的大棒。在这样的新商业文明中，资源极大丰富，因为人类不再是自然的征服者，而是捍卫者。在这样的新商业文明中，企业提供包含更丰富价值的产品和服务，因此企业成为更高水平的价值创造者。最终，在这样的新商业文明中，企业的竞争不再是为了改变规则，而是为了创建更美好的世界。当然，这不是空想家的白日梦，而是推动未来商业繁荣的力量，是应对企业、国家和经济社会长期以来所面临的破坏性挑战的唯一出路。因此，新商业文明是21世纪商业繁荣的引擎。

　　本书是一本为理想主义者和实践者、变革者和冷峻的现实主义者准备的手册。如果你对现状感到高兴，对当前的企业发展方式很满意，为企业的增长感到快乐，那么你可以把这本书放回书架上。但是，如果你对现状感到不满，对过去的企业发展方式感到困惑，认识到当下企业发展模式和新商业文明之间的距离，那么，一定要读这本书——不仅要读，而且要将书中的理念应用到实践中。

目录 CONTENTS >>>

The Blueprint

of a Better
Kind of Business

1

一种更好的商业模式

The Blueprint
of a Better Kind of Business

当展望未来的商业世界时，你看到了什么？未来10年、20年，甚至30年成功的经济模式和现在有何不同？什么样的商业形式才是新的、非传统的、有创造性的——最重要的是，具有突破性的价值？在定义、衡量、监督以及管理人类的成就和财富方面，怎样才是最高水准？若要形成更新的、更好的、更广阔的财富理念，明天的市场品鉴者将会更看重哪些方面，又会弱化哪些方面？为了实现目标，他们将以怎样不同于以往的方式利用、分配、再生资本？什么样的观念、信仰、特性，将使成功的公司、国家和经济体从疲于奔命的状态中解放出来，脱颖而出？

下面几个有趣的例子能让我们更好地看清未来。如果仔细研究当下最杰出的企业代表，你会感到震惊。你会发现，世界上最大的公司现在正努力地销售有益环境的产品——公司不仅邀请环境保护主义者和有长远眼光的人加入，而且赋予他们一定权利来实现企业目标。你也可能留意到最著名的时尚运动用品制造商正在设计可循环利用的运动鞋，一改花大价钱制造"名人效应"的营销模式，公司只是帮助普通消费者学习如何发挥产品的最大价值。你会发现世界上最有影响力的传媒公司没有为世界上最有价值的媒体资产做广告。你会发现世界上历史最悠久的消费品公司开始发生全面的变化，帮助原来被称作消费者的人们转型成为生产者。你还会注意到，昨天那些衰老、笨重的大型企业仍然在缓慢前进，即使渐渐被市场无情地抛弃也仍然假装运转良好，而其每年的盈利已经少得可怜。

如果有足够的耐心细细审视，你会发现这之中并没发生什么革命性的变化（类似"彻底推翻某权威机构"那样）。但我敢打赌，你从各种鲜活的细节中至少已经察觉到这种变革的前奏——一种公开的对以前教条式做法的局限性的抵制和强烈蔑视。如果更深入地研究，你会同意我的意见：这就是学者托马斯·库恩所说的"范式转移"的萌芽。这可不是小变化，而是从旧体系向后续新体系的飞跃，将为艺术或科学带来全新的阐释。

今天，新一代公司，如沃尔玛、耐克、谷歌、联合利华等，虽然看上去各不相同，但都对工业时代老套的甚至是不良的正统理念进行了反叛。它们的秘密在哪里？这些企业在黑暗中摸索，曾有很多不完善的地方，甚至有时会搞砸，虽然成功绝非易事，但它们最终成为 21 世纪新型的商业模式的代表。也许，我们可以将之称为经济的启蒙运动：今天激进的革新者就是先锋，从死气沉沉、晦暗不明的商业世界驶来，去探索一个充满可能性的未知世界。在那里，可以看到未来经济发展的新高度，其基石更加坚固、深厚。

我想和大家分享的不仅仅是企业的成功。从本质上讲，我要说的和基本商业理念有关：也就是作为公司、国家和经济体的支撑，理念是如何为经济繁荣奠基或者如何造成经济匮乏的。正如启蒙运动为工作、生活和娱乐带来了翻天覆地的变化，如自由市场、理性思维、科学方法等，今日的经济觉醒将为生产和消费带来理念的新高峰，如价值循环、价值对话及其他的优化模式等。

讲故事只是我计划的一半，我们的目的地是未来商业的蓝图。新的商业理念核心必然是对腐朽、远去的工业时代的革命：想象新的赢利模式、价值创造，重新定义商业优势，颠覆几个世纪以来商业世界已经形成、可能形成以及应该形成的模式。然而，旧有模式有自愈、修复和更正自身的顽疾、缺陷和瑕疵的能力（虽然不能完全做到并且有时十分有限，但终归是可以想象的），旧有机制可以强化自己本就令人胆寒的力量，以扩展人类发展的速度、规模和潜力，其基础根深蒂固、难以撼动。站在巨人的肩头，未来经济繁荣的基础是相当稳固的。

* * *

觉醒一词不能随意使用，我选择这个词是出于以下考虑：摆在眼前的现实就是，过去商业模式的全盛时代已经过去，这种老化的模式已经达到了成熟的顶点。经过岁月风霜，这台机器锈迹斑斑，损毁严重。

仔细研究你会发现，发达国家的成长在几十年前就进入了拐点，走向下坡路。在过去的半个世纪里，其发展走势逐渐趋缓。这不是一时的萧条，而是持续的、历史性的转折，比经济危机、回调或者破产更严峻。从前公司董事们忙于应付各种微观经济挑战——新的竞争对手、供求关系问题以及更为复杂的市场。但是今天的威胁不在这一层级，它更多来自宏观经济层面，俯视当前经济世界：经济繁荣程度本身所能实现的回报在大幅下降。

过去的增长模式已奄奄一息，到了发展的极限，没有再多的上升空间。经济增长逐渐削弱到与消费持平，仅能维持日常生活水平，而无法使之继续提升。仔细观察你会发现，商业启蒙运动的导火线已被点燃：全球经济已经到了决定性的、关键的时刻。21世纪促进经济发展的动力不会也不可能与20世纪的相同。

你可能会说，等一下，GDP增长只是"产品"增加的标志，这种衡量经济发展的方法并不全面。你可能是对的。诺贝尔奖得主、创造出GNP（现在被GDP取代）的经济学家西蒙·库兹涅茨曾警告说："一个国家的福利情况很难通过该国的财政收入来判断。"我后面就会谈到，当国家GDP增长时，有意义的、切实的福利措施（民众、社区、社会所享受到的待遇）将停滞。你还会问，那么发展中国家表现怎样呢？你可能又猜中了。虽然这些国家可以将工业发展设为目标（尽管这种模式自身已经有明显的缺陷），但仍然存在大量饥饿人群，而且世界也无法提供足够的石油、铜、信用、就业或者出口需求来帮助每个国家都通过相同的模式实现经济繁荣。工业发展过速产生了零和游戏，以邻为壑，一些国家的发展被其他国家的经济停滞抵消了。

衡量经济成功的最重要标准——经济增长——也是有瑕疵的，需要重新设定。这并不是对当前经济发展所取得成就的诽谤。在人类历史上，过去几百年是世界财富增长最快的时期，收入爆发式增长，一代又一代人的生活水平极大提高。但这都已成为过去。如今，可能正是经济发展曾经的辉煌使它的衰退变得显而易见。我这里要指出它所面临的窘境：工业时期的经济繁荣只能在十分狭隘的条件下发生，而这和今日的经济现状已相去甚远。

巨大的不均衡

让我们把情况简化成一个比喻。设想有这样两个不同的世界：第一个世界里，资源充足、原材料丰富。由于人口不多，所以需求并不旺盛也容易满足，这里灾害低发且不严重，日子稳定安闲。第二个世界空间狭小、资源匮乏、人口众多、拥挤不堪，因此需求总是难以满足。在这个脆弱的地方，世界上的各种传染病可以在几天甚至几分钟之内传遍各处。那个辽阔、空旷、稳定的世界就像个巨大安静的禁猎区，而狭小、拥挤、脆弱的世界则像一艘方舟。工业经济发展模式当初虽然是为了理想中辽阔、空旷、稳定的世界而设计的，但在 21 世纪初，这个世界更像方舟——无落足之地、拥挤不堪。

在辽阔、空旷、稳定的世界，消费、借贷和效用能够促进经济繁荣，但在狭小、拥挤、脆弱的世界则会导致危机。在过去的几十年中，这一问题已发展到顶点，我将这三大决定性特征（指消费、借贷和信用）称为工业时期的"盲目增长模式"。这些年里，经济增长的推动力是靠全球的穷人支撑富人来拉动过度消费，而所消费产品则变成越来越短命的商品或服务，整个经济模式利润微薄。与此同时，自然环境、社区环境及整个社会状况都被边缘化。发达国家的债权人不是其他发达国家，而是发展中国家（如中国）或者石油输出国（如尼日利亚）。发达国家的资金并不流向创新和生产投资，而是流向原始且变动性极强的消费。结果呢？巨大的、极度不可持续的全球宏观经济失衡出现了。

盲目增长模式在局部地区、全球范围及整个经济领域都是不可持续的。显而易见，这种模式无法创造共赢的经济繁荣，因此企业、投资人和企业家单单采用这种模式已经无法赢利。无论从对繁荣的定义、繁荣持续的周期、收益的去向还是繁荣发生的方式出发，盲目增长模式都已经走到尽头。

这就是全球经济遇到的问题——道路艰难。不知有多少著名的思想家在提到 21 世纪头十年载入史册的经济危机时，会用各种形容词来描绘其程度之严重。经济历史学家尼尔·弗格森将其称为"大萧条"，哈佛的经济学家肯尼斯·罗格夫说这是

"经济大收缩"，伯克利的罗伯特·莱许形容这是"经济大崩溃"。当提起这些，所谓"大"本质上并不仅仅指其规模，还指经济的根基已经被撼动。

宏观经济理论主要代表人物之一保罗·萨缪尔森，也是第一个获得诺贝尔经济学奖的美国人，指出："今天，我们彻头彻尾的错误在于相信了米尔顿·弗里德曼的理论，认为市场可以自主调节。"艾伦·格林斯潘作为弗里德曼的忠实拥趸者也承认，"所有精密的数学运算和计算机魔法"都不能弥补"具有启蒙精神的自利"所带来的整体失败，为此他感到万分沮丧。他指出："整个金融经济的思想架构在2008年夏天坍塌了。"巴拉克·奥巴马的首席经济顾问，也是哈佛大学的前任校长劳伦斯·萨默斯说："经济学的大量理论都需要根据已经发生的危机进行重新思考。"

2009年，在伦敦政治经济学院的"莱昂内尔·罗宾斯演讲"中，诺贝尔奖得主保罗·克鲁格曼辩论说现代宏观经济是"精彩绝伦的无用，彻头彻尾的有害"；伦敦政治经济学院的经济学家威廉·布堤尔说，过去30年的经济学训练是"对时间和其他资源的大大浪费""那些活动所追求的都是美学的混乱……而不是想要了解经济运行的规律"。另一位诺奖得主，就是那位曾在2006年成功预言了2008年经济危机的哥伦比亚大学著名教授约瑟夫·斯蒂格利茨，这样说："关于市场经济的争论，即不被控制的市场通过独立运行是否可以保证经济繁荣与增长，已经结束了。"美国财政部长蒂姆·盖特纳指出，明天"商业将会不同"。

　　诚然，以上这些说法有点过于激进。若说过去的经济发展模式已经走到了尽头，我们找到了一劳永逸、可以让经济无限发展的良方，是太过狂妄了。其他受文化因素制约、人为构建并由人来管理的机制也同样有各种需要完善的地方。我认为，这个教训是21世纪头十年经济危机给我们留下的财富。

　　那么我们该如何改善商业发展的方式呢？无论是格林斯潘、克鲁格曼还是斯蒂格利茨，他们指出的问题都与经济制度有关。曾经这些制度被认为是经济繁荣的基石，但最后却成了流沙陷阱：它们是制造混乱的罪魁祸首，使上百亿财富分配失当。道格拉斯·诺斯由于在制度研究方面的出色成绩而获得诺贝尔奖，他把制度定义为"人为设计的、限制互动的藩篱"。麻省理工学院杰出的经济学家达龙·阿西莫格鲁甚至从诺斯的结论中提炼出更确切的表达方式："从结果来看，这些制度规定了人们交流的动机：政治选择、社会生活和经济活动。"换言之，制度成为社会、政治及经济活动深层的、最基本的柱石。与我们密切相关的那些经济制度规定并组织了生产活动、消费行为及交流沟通方式。

　　从2005年起，我就在讨论一种经济危机的可能性——我所预测的并不是某种短暂的经济崩溃，而是全球经济史无前例的严重撕裂。通过研究经济大萧条问题，同时受到诸多经济学家的启示（如诺斯、阿西莫格鲁），还有很多著名学者的影响（如2009年因在制度经济学领域做出杰出贡献而共同获得诺贝尔经济学奖的奥利弗·威廉姆森和埃莉诺·奥斯特罗姆），我的团队开始了为期两年的研究项目，目的在于解决两个问题：有没有一些叛逆者，由于对当前经济发展模式的不满而奋起反抗？如果有，他们是如何应对那些思想趋于保守的反对者的？

　　当然，对过去商业发展模式的定义并不是单一而简单的。相反，从艾尔弗雷德·钱德勒的管理学理论，到海曼·明斯基的金融理论，再到约瑟夫·熊彼特的创新理论，都是从不同角度来强调事实的不同侧面。因此，首先我们要追溯历史，梳理成百上千篇论文、报告，以及无数参考文献、评论文章和书籍中的定义，寻找蛛丝马迹——为数不多但能反映过去商业发展的基本特征和特点的理念与制度。这些理念的集合，就是我们对过去的商业本质的定义。

　　最终我们提炼出的五项基本理念，任何一位 CEO 和他的助理都十分熟悉，属于日常经济生活中并不显眼又稳定不变的因素：价值链（生产方式），价值主张（市场定位），战略（竞争方式），市场保护（竞争优势），非流动性、固定的产品（消费）。这就是我们对 20 世纪商业发展模式的总结：这五个方面的理念推动、组织并管理了生产和消费。现在，这五项基本理念已经不再是固定不变或者绝对全面的，但我认为它们足以概括商业中过去大量互相矛盾的定义。

　　这五项基本理念暴露了 20 世纪商业的核心缺陷。20 世纪的商业理念是攫取利益但将成本转嫁到普通民众、社区、社会、自然环境甚至后代身上。这种利益攫取和成本转嫁都是经济危害的表现，是不公平、违背民意的，后果也是无法逆转的。姑且称之为一种巨大的不均衡：这一过程和之前提到的种种"大"危机不同，它不是短暂的，而是一种持续的关系，是以全球经济为体量的大事故。你可以这样来理解这种不均衡：低估了成本（忽视了很多种损失和损害），高估了收益（夸大了产品和服务能够给人们带来的持续的实惠和有意义的美好生活）。

为了说明这一点，我用两个行业举例说明，它们通常处于一座小城市的产业两端：银行业和汉堡制作业。在 21 世纪头十年的房地产泡沫期间，投资银行、对冲基金和抵押贷款经纪人努力地通过相互借贷来掩藏各自资产的真实情况，这被纽约大学教授努里埃尔·鲁比尼称为"影子银行系统"，即通过隐藏资产状况获得更大经济杠杆。当然，最终他们会将成本相互转嫁。依福斯·史密斯作为 *ECONned* 一书以及博客"赤裸的资本主义"的作者，记录了类似 NINJA[①] 这类人的恶意贷款能够在金融产业招摇过市、成为正经生意，把烫手山芋一个接一个地传下去。那么结果呢？当音乐停下来，合约双方的信任链条断裂，借贷双方都陷入僵局，全球的金融体系几近崩塌。最终，通过史无前例的经济救援将成本转嫁给普通民众、社区、社会以及后代。2010 年，国际货币基金组织改变了从前对自由放任政策的坚持，提出了国际银行税，相当于未来经济援助中借贷所产生的隐形成本。

担保债权凭证（CDOs）就相当于快餐汉堡：二者的原料都来路不明、含有毒素。一个汉堡真正的价格是多少？你花了 3 美元，但是根据我的粗略计算，其真正的价格接近 30 美元。10

---

① No Income，No Job，No Assets，意为无收入、无工作、无资产。——译者注

美元的环境和健康的成本转嫁给了社会和我们的后代。利润攫取自普通民众、社群和社会——他们给用来做汉堡的牛肉、水、土地甚至工作机会补贴了 20 美元。比如，詹姆斯·麦克威廉姆斯在耶鲁大学做农业研究的时候发现，如果大平原各州不给水价补贴，那么一磅牛肉的价格将为 35 美元。我并不是要刻意诋毁新鲜可口、味美多汁的汉堡。我要强调的是价值创造中残酷的真相：普通人为汉堡支付的价格（3 美元甚至更低）和汉堡实际发生的成本（30 美元左右），两者之间 27 美元的差价，说明了工业时代食品生产商给百姓、社区、社会、自然环境及后代造成的伤害。遵循工业经济的原理，成本转嫁和利益攫取不仅仅是以美分来计，而是百倍于此——不可见的损害要比这大得多。

我并不是要说这些数字已经精确到了美分，我的目的在于，希望你和我一起思考并探究真相。我们同样也可以针对石油来做相似的计算分析。国际科技评估中心曾估计，隐性成本可以使石油在原价基础上每加仑增加 4 美元。这种在太阳底下每个行业都在发生的不均衡以及新的成本计算方式是所有公司和国家必须要去面对和掌握的。

我所说的"深层债务"是指一种由当前经济制度带来的危害，可以把它理解成对普通民众、社区、社会、自然环境以及后代的负债。从经济学的角度来看，债务其实就是成本转嫁和利益攫取。如果我从你那里借出 10 美元的利润或者把 10 美元的成本转嫁给你，对你造成损害，那就形成我对你的债务。虽然这种债务经常是不易察觉、难以计算的，但经济繁荣需要将其结算、清偿。如果我不偿还欠你的那 10 美元的债务，经济就无法发展，我们只是把这 10 美元从桌上的一边推到了另一边而已。如果把这一比喻放大、升级，你就会看到全球经济如同一屋子摇摇欲坠的纸牌。

这就是为什么当前体系下经济繁荣了，但经济危机也越来越频繁地发生：这就是规律，没有例外。罗格斯大学的货币金融历史中心负责人麦克·博尔多说，今日的宏观经济"看上去有更多经济危机倾向"。20 世纪来临时，金融体系崩溃的可能性仅有 5%，而到了 21 世纪这一概率上升到 13%。莱曼兄弟公司指出，18 世纪只出现了 11 次金融风暴，19 世纪有 18 次，而 20 世纪达到了 30 次。最为讽刺的是，21 世纪正是以一场巨大的金融危机开始的，并摧毁了莱曼兄弟公司。成本转嫁和利益攫取已经越来越成为一场疯狂的抢椅子游戏，当音乐结束的时候，需要有人埋单。当前经济体系使经济危害制度化，日益膨胀的债务形成了周期性的、越来越频繁的经济危机。

想一想当下各种经济危机背后的危机。当你停下来反思的时候，无论是金融方面——如 21 世纪头十年的大萧条，还是环境方面——如深水钻井平台爆炸事故，抑或是人自身的问题——如四处蔓延的肥胖问题，其根本上都是由低估成本高估收益的不均衡造成的。麻省理工学院著名的思想家彼得·圣吉，也是具有开创性意义的《必要的革命》一书的作者，曾这样说："越来越多的人意识到，日益突出的可持续性问题是与其他问题相互交织的，这其实是全球体系失衡的症状。"

这种失衡并不是表面上像金融债务一样暂时的危机，而是长期、缓慢、范围广阔的真正意义上的经济债：深度债务。真正的债务危机是美国对中国的债务，或者欧洲对德国的债务。这是深层的、不断加重的、无法偿还的对普通民众、社区、社会、自然环境和后代的伤害，其表现形式可能为石油泄漏、银行破产或者二氧化碳排放上升。今天，每个国家、公司和个人都在努力偿还昨日造成的损害，而后果就是经济繁荣迟迟不能到来，负增长日益严重。

还可以从技术层面来思考这个问题。当下商业建立在创造性毁灭的等式上。如我们所认识的，企业系统地、长时间地低估其破坏性成本而高估其创造性收益。这一高一低将导致过度破坏和创造力降低。当破坏性成本被低估时——就像银行处理风险的方式和手段那样——结果就是"坏东西"（如不良贷款一类的破坏性产品）过量。相反，当创造性收益被高估时（如食品业标准中，早就不受重视的真正的营养价值体现，诸如"回味""口感"），结果就是"好东西"供给不足：缺少真正有益的产品，如健康食品。在不均衡状况中，一方面，当前商业的基本原则将经济学家们所称的负外部性（或可理解为被市场价格排斥在外的负面影响）制度化，并将其系统化。另一方面，正外部性——未被纳入市场价格的收益——被去制度化或者被限制。制度产生了过多的经济破坏而创造性很低。这就是严重不均衡的含义。

正如伦敦政治经济学院全球治理研究中心的杰出学者柯成兴、玛丽·卡尔多和戴维·赫尔德在《全球政治学刊》中所指出的，21世纪的制度必须"致力于全球公共之善，以及减少全球公共之恶。"哥伦比亚大学经济学家杰弗里·萨克斯认为，新生代的制度需要我们"不仅联合起来遏制全球公共之恶（使其达到可控程度），而且要专注于创造全球公共之善"。横跨全球的严重不均衡问题——过度供给"坏东西"或者过度破坏，以及"好东西"供给不足或者创造力低下——都显示，成本转换和利益攫取实际上已经被制度化，内置于当前商业的基本原理之中。过度破坏和创造力低下的总和就是社会引发的深层债务。正如萨克斯所言，当这种债务影响的范围和深度暴露于世时，就意味着难以避免的危机。

再次回到我之前所打的比喻。在一艘方舟上创造经济繁荣与在狩猎场是根本不同的。在这个比喻中，过去的商业是一座狩猎场，经济制度的建立目的在于以最有效率的方式组织日常狩猎活动。这适合于最敏捷、强悍的猎手和范围最大的猎场，经济发展随即发生。但是如果将这种规则强行用于方舟之上，结果将是一次又一次的危机和最终的毁灭。在巨大、空旷又安稳的世界中，猎人们恣意攫取利益、转嫁成本、积累深层债务。把骨头丢在这儿就行，没关系。如果把这种鱼类消灭了，旁边的池塘还有另一种。需要钱吗？到旁边部落去抢些来，这和物物交换可不是一回事。但是，在狭小、拥挤、脆弱的方舟上，任何举动都至关重要。攫取利益或转嫁成本对谁都没有好处：我们所有人的命运都是纠缠在一起的，逃无可逃。无论是经济繁荣还是普遍的危机，人人都要承担。

想要亲身感受一下 21 世纪的经济，就来这艘方舟亲自掌舵。你就是船长，船上的所有物资不仅价值不菲，而且珍贵无比——无论是人力、树木、动物、思想、信任、创造力，还是治理方法本身。你必须保护这些资源，防止其受损、消耗和枯竭。反过来，你在谋划如何利用这些资源的时候必须保证切实有效、有意义，并带来持久收益，而不是生产短命的产品仅供一时消耗。方舟上的经济繁荣取决于最大限度地降低伤害，因为你所攫取的所有利益、转嫁的所有伤害都会造成永久的、可能无法逆转的损失，最终造成一连串无法预知的恶果。如果打破了原本良好的"善""恶"关系，结果就不是经济繁荣而是越来越深的危机，甚至可能是全盘崩溃。

这就是全球经济今天所处的困境。我们现在正在使用狩猎时期的规则来管理这艘方舟，这种经济发展的方法已经过期了。真正的危机要比银行倒闭、红利欠发和经济救援严重：20 世纪的商业发展方式不再适合 21 世纪，与一个狭小、拥挤、脆弱的世界，完全不匹配。世界在发生翻天覆地的变化，而商业发展方式却原地没动。

企业家的两难

企业家也没有改变。真实情况是大多数公司都自视为猎手（比如，会有这样的说法："论功行赏""商业战争"）。明白了吗？我们完全没有做好应对 21 世纪经济发展潮流的准备，我们甚至还没有一个对应的词来形容"方舟管理者"这样的角色。我们嘴上应付着，强调"可持续性"，有些人还对员工实行"权力下放"，或者也稍稍做了一点努力试图成为"好公民"。但对大多数人来说，商业发展方式的老一套没有改变。散场之后，最重要的依然是利润、增长、股东价值。这里隐藏着古希腊悲剧家欧里庇得斯所描述的两难困境：建立于严重不均衡的危楼之上，越往上就是越没有意义的虚假繁荣。

提炼了过去商业模式的五项基本理念之后，我们研究的第二步是以 250 多家公司作为样本建立数据库。为了保证全面，涉及公司的种类繁多：达到一定资本总值、在成熟市场或新兴市场已上市的大型公司，顶级的风险投资和私募股权基金，以及在 CEO 和分析家口中时常被提及的令人瞩目的上市或私有公司。这些公司 90％仍然遵循以前的商业模式。

我要指出的是，过去的商业运行模式限制了组织，使其创利微薄。所谓"薄价值"，是严重不均衡打回来的看不见的一拳，是过度供给之恶和低效生产之善在真实世界的反映，具体表现为三大特征，在过去几十年中这三样东西最能确切地说明问题：

- 薄价值是人为的，通常以对普通民众、社区和社会的伤害为代价换得。每个人都拥有巨无霸豪宅是 20 世纪 90 年代提出的口号，然而最后证明豪宅愿景只是一种盲目的、人为树立的价值观，毫无实际价值。因此，短短几年之后，很多房屋遭弃，有些甚至由于无人问津而被拆除。21 世纪头十年里，银行发放的贷款记载粗略，无论是贷款发放、贷款组合，还是贷款交易，都牺牲了他人的利益：首先是借款人，然后是客户，包括其他银行；最终，以牺牲整个社

会利益为代价进行大规模的经济救援。大部分企业
与银行都类似，只是规模小些。这些公司没有真正
创造经济价值，而仅仅是把损失一层层转嫁，一方
获得收益另一方就受损。

· 薄价值是不可持续的，今天"创造"出的价值就是
明天牺牲掉的价值。人们为什么会为悍马汽车而疯
狂？这种汽车在任何一个层面都是不可持续的，因
为它对相关资源的破坏难以衡量。悍马不仅污染了
空气，还影响了道路、社区。并且，由于融资巨大，
也影响了金融市场。大部分企业就如同悍马汽车：
巨大的引擎牺牲了明天，以换今天的片刻欢愉。而
悍马的收益是不可持续的——通用汽车公司的利润
只持续增加了不到五年，因此任何一种薄价值都不
是以永久存在为目的的。

· 薄价值是没有意义的，因为它不能使普通民众、社
区和社会长久地享受对他们最为重要的福利。当你
吃巨无霸时你受益了吗？可能很好吃，但如果长期
吃对你的身体会有明显的负面影响。如果我们大家
都吃巨无霸，谁将真正获益？没有人。今天，肥胖
困扰着每个美国人，也逐渐蔓延到发展中国家。大
部分企业仍然在推广巨无霸似的经济模式：提供有
负面影响的产品、服务，无法让民众、社区和社会
真正地获利。

在这三个关键方面，薄价值都不能真正体现经济价值。我们

假设这样一个产生薄价值的例子。设想你把一个成本为 8 美元的小商品卖到 10 美元，实现 2 美元的利润。那么，这 2 美元的利润有多微薄呢？这 2 美元的利润有没有因伤害其他人而有所抵消呢？比如社会和社区？如果这些损害大于 2 美元，你就没有真的获得价值。你的所得是否以明天不可再生资源的损失为代价，并且这种消耗大于 2 美元？如果有，你就没有真的创造可持续价值。客户能真正意识到支付所换得的价值吗？如果考虑长期后果呢？假设你的客户将产品估值为 10 美元。如果客户发现，考虑到可见的、正面的后果问题，你产品的价值低于 10 美元，那么你就没有创造有意义的价值。如果以上三点都满足，恭喜你，你没有创造真正的经济价值，而只是获取了薄价值。

今天，最大的挑战不仅是创造账面价值、商业价值及股东价值，还要增加真正的经济价值。让我们回到汉堡的例子。一个汉堡产生大约 1 美元的利润。根据过去的商业规律，最少有 1 美元的价值被创造出来。但是一个汉堡的全部成本大约有 30 美元，而不是 3 美元。创造出的 1 美元价值是经济上的一种虚构：它指的是薄价值，非真正价值。真正发生的事情是，汉堡生产者只承担了全部成本中的 2 美元而又赚了那人为计算的 1 美元，而有 27 美元的经济损失转嫁到了普通民众、社会和后代身上。真正的价值没有产生，利润只记录下了账面上的盈利假象。事实上，一个汉堡若要创造 1 美元的真正价值，不应以 3 美元为成本，而应以 30 美元为成本。这是 10 倍的差距。薄价值所涉及的问题规模巨大，不能仅仅以百分点来计算，而要以指数级来衡量。

　　全方位地衡量资本的成本是一个高标准要求，目前还没有一家公司知道如何计算、应用和监管。但是有一点是肯定的：考虑全面的资本成本将降低企业的利润，甚至使很多企业走向实际意义上的亏损。如果考虑致人肥胖、二氧化碳排放、营养不良造成的恶果，那么汉堡生产商将有多大利润空间？这就是薄价值：在很多情况下这种利润是一种经济假象，它并没有考虑一个完整、真实的资本成本。

　　经济泡沫和经济崩溃在不时上演，昨天是互联网公司，今天是各种抵押贷款模式。然而，还有一种更广泛的经济危机在泡沫来临之前就已经在酝酿，笼罩着这些前前后后不断发生的经济危机——这就是真正的经济价值创造危机。当利润的取得以普通民众、社区、社会、自然环境和后代的牺牲为代价，其结果就是，低质量的价值创造被深深隐藏的负债所抵消。大量公司都难以逃脱这个陷阱。

　　过去及当前商业的两难在于，为某些人创造价值就需要从其他人身上攫取利益、转嫁成本；经济形势随着经济危机的日益严重而不断恶化；低效的经济价值创造意味着更大的破坏。所有这三个方面都指向同一只"怪兽"——过去陈旧的经济模式，它发出的声音与其所依存的当今世界极其不和谐。由于难以取舍，越来越多的昔日巨擘——从汽车城底特律到华尔街，再到 Gap、索尼、微软等公司，都在蹒跚前行、磕磕绊绊或者干脆倒地不起。原因何在？薄价值就像水中之花，经济学家杰克·赫舒拉发将之称为"社会废物"。最终，无法创造真正经济价值的疾病蔓延到每个公司、国家和经济体。薄价值可以被掩饰、隐瞒、强力推行或者以武力捍卫。然而，其生命期限从未或极少撑过几年。90％创造薄价值的公司在 21 世纪都是没有竞争力的，原因有二。

第一，损害导致的负债需要用隐性利益来偿还，而其程度是不断加剧的。比如，宣传的需求、原材料的价格、能源价格、员工的低参与度、监督审查，以及来自普通民众、社区的强烈抵制，都加大了企业的成本。在真实世界中，对汉堡生产商而言，随着损害的增加，赔偿不断累积。基于以上原因，汉堡生产商的利润越来越低。

第二，损害产生的负债随时会被债权人"声讨"。想想被交易商和纽约大学数学系教授纳西姆·尼古拉斯·塔勒布称为"黑天鹅"的事件：这是一个出乎意料、难以预计但又不可避免的灾难。客户抗议、监管者诉诸法律、投资商逃跑都是迟早的事，而最糟糕的是，一个可以创造真正经济价值并能减少损害的竞争者浮出水面。如果汉堡生产商需要偿还负债，即它要承担全部汉堡生产成本，比如，补贴突然撤销、对增加碳排放和垃圾食品征税，那么结果会怎样？每个汉堡能产生的不再是 1 美元利润，而是 27 美元的亏损。生产商将瞬间无利可图，局面难以挽回。这可不是一两个百分点的不同，而是成百上千、成千上万个百分点，于是大厦将倾。

这就是 21 世纪各个国家、公司和投资商面临的大规模挑战、高难度障碍和两难境地，大多数人几乎无法回应这一挑战。正如再凶狠的猎手、再锋利的长矛或再高级的伪装都无法帮助方舟上的居民获得经济繁荣，正统的经济战略、创新和竞争方式都建立在经济损害的基础上，因此无法帮助21世纪的企业、国家和经济体甚至整个世界重燃经济繁荣的圣火。

21世纪商业的基本原则

商业实践以及做企业家的艺术在未来的几十年内，会不会像亚当·斯密时代那样经历巨大变革呢？我相信它会变，而且坚定地相信我们会共同改变它。过去商业的两难处境就如同一个死结——如果我们仅在昨天的条条框框中思考问题，那么问题永远恼人棘手、无从解决。打开这个死结不是靠解，而是要挥刀斩断。企业家要想避免这种困境，就需要转变建构模式。

回到我前面说的比喻，方舟式商业要比现在的狩猎式商业产生更好的效果。这种模式需要让土壤发挥最大的生产效率，让最优秀的农民和放牧人来充分利用树木、动物和植物，这样之前稀缺的资源就会充裕起来。21世纪的商业必须为了明天更好地贮存、积攒每一种生产资源，其准则和戒律就是必须将经济损害降至最低，将真正的经济价值创造提到最高。

如果粗略勾画一下新型商业模式的轮廓——其威力足以把昔日商业发展模式的防火墙付之一炬——那么，它和从前最大的不同就是优选功能。下面我们将对这一模式的两大基本原则进行简要说明。

优选功能的第一原则是最小化：在交换活动中，组织无论主动还是被动，都不能给普通民众、社区、社会、自然环境和后代造成经济损害。记住，成本转嫁和利益攫取都将增加企业、国家或者经济体的负债，这将是风险高、成本大而且负担沉重的。

相反，第二原则就是最大化：在21世纪，国家、企业和经济体面临的最大挑战就是如何创造更多高质量的价值，而非在数量上占优。可以将之视作对价值创造的重新构想：不仅是微薄、不足取的价值的增加，而且更重要的是学习如何使所创价值真正具有意义。

21世纪经济学提出的最大问题是：赢利是否一定要以经济损害为代价？今日几位创新的践行者的回答都是：不。他们的回答响彻全球，从孟买到山景城，从本顿维尔到孟加拉。这种适应狭小、脆弱、拥挤世界的新型商业就是：建设型商业。

从我们统计的250家公司样本中，我们发现，15家已将从前的经营理念抛出窗外。首先，让我们感到惊讶的是建设型企业家的特点：他们来自五湖四海，各怀绝技。他们的公司有的是全球数一数二的大公司，有的则规模很小；有的历史悠久，有的是初创公司；有的正如大家所想象的那样是才思敏捷、行动果敢的创新者，有的则是名声在外、动作迟缓的大巨头。这些企业跨越了传统工业、市场和地理的界限。我们本希望有更多典型的打破游戏规则的创新型公司出现，但最后发现有些反叛者只是徒有其名。相反，真正浮出水面的是我们几乎没有料到的公司，它们反倒对旧有商业秩序感到不满，如沃尔玛、耐克和联合利华（见表1—1）。

表 1—1	先锋公司与老牌公司
先锋公司	**老牌公司**
苹果	索尼
谷歌	雅虎
塔塔汽车	通用汽车
任天堂	世嘉株式会社
无限 T 恤	Gap
乐高	美泰玩具公司
英特飞	迪克斯，豪客
联合利华	卡夫
耐克	阿迪达斯
全食超市	西夫韦超市
沃尔玛	塔吉特超市
墨西哥康帕图银行	花旗集团
星巴克	麦当劳
维基媒体	不列颠百科全书
格莱珉银行	沃达丰，汇丰银行

你可能注意到，表 1—1 中最后上榜的两家先锋企业并不是传统意义上的企业。格莱珉银行是社会企业的集合，而维基媒体可被归为结构松散的非营利组织。然而，二者改变了商业秩序、创造了前所未有的价值。这种变革对各个行业中正统企业家的冲击很大，迫使他们在竞争决策上做出重大调整。这就是为什么我们要把这样的企业纳入其中。

建设型商业秩序下，企业不仅能产生更好的产品、服务、策略或商业模式：它首先建立的是更好的机制。那不再是摩根或者洛克菲勒所认可的模式，除非它们看一下建设型企业的损益表。建设型商业包含了打破常规的新型理念，以适应共生原则下的新型经济模式。

　　为了深入研究，我们为 15 个先锋企业精挑细选了对照组，放在表格的"老牌公司"类别中。对照组中的企业通常都与先锋企业有激烈竞争。那么两组的差别在哪里？仅仅在于老牌公司仍然在遵循从前的经营理念。我们选同类企业做对照就是为了突出新旧理念的差异。真实的世界不像培养皿，我们无法控制所有差异，但在大小、规模、范围和企业目标等方面我们可以让两组尽量匹配。

　　我们首先通过案例分析、财务建模和访问等方式对两组企业进行深入研究，然后综合整理、分析数据。先锋企业不仅运用了新的经营理念，而且某种共性的理念也在逐步形成。这 15 家创新型企业中，每一家都使用了一两条或者两三条重合的新型理念。这些理念和 20 世纪的理念截然不同，先锋企业不仅打破了旧有传统，还在原有基础上建立了新的理念——这就是 21 世纪商业的基石。我们将这些企业称为建设型企业，其创造的理念称为建设型商业，具体理念见表 1—2。

表 1—2　　　　　　　传统商业理念与建设型商业理念

	传统商业理念	建设型商业理念
生产、消费、交换发生的方式	价值链	价值循环
生产、消费、交换的产品和服务类型	价值主张	价值对话
生产、消费、交换发生的原因	战略	哲学
生产、消费、交换发生的时间和地点	市场保护	市场完善
生产、消费、交换了什么	商品	更好的生活

　　建设型企业的特点是什么？我将用后面几章来为大家一一介绍新型体制下的经营理念，然后谈谈你可以如何打造这些理

念。现在先让我们快速了解一下：

- 建设型企业通过更新而不是消耗来利用资源，将价值链模式转变成价值循环模式。
- 建设型企业公平地分配资源，对供求危机反应更加敏捷，因此将价值主张模式转变成价值对话模式。
- 建设型企业具备长期的竞争优势而不是暂时性地防止竞争的发生，因此将企业战略转变成企业成长哲学。
- 建设型企业创建新的竞争舞台，而不是把控已有的位置，因此将市场保护转变成市场完善。
- 建设型企业从人性的角度寻找有意义的回报方式，而不局限于金钱方面，因此从生产和消费商品转变成为人们创造更好的生活。

先锋企业并不是要重新创建所有经营理念。事实上，我们列出的所有先锋企业仍然在使用一条以上的旧有理念，而大多数会多条并用。这些企业之所以脱颖而出，在于能够创造出至少一种新的理念，并精雕细琢、全情投入。这是它们与那些仍然沿用旧商业模式下旧理念的对手的区别。

今日的创新企业都是制度创新者：它们不仅对产品、服务和商业模式给予新的定义，而且重新打造产品、服务和商业模式所依赖的根基。建设型企业所提倡的新型经营理念在更加基础的方面起作用：高效管理生产、消费和交换过程，使之更加合理化。约翰·哈格尔是制度创新先锋之一——德勤前沿创新中心的联合主任，也是公司战略理论的大师。听听他是如何定义创新的："重新定义独立实体的角色和彼此的关系，从而加速学习并减少风险。"这就是为什么在 21 世纪"制度创新比起产品创新和流程创新，在价值创造上更有潜力"。伦敦商学院学者加里·哈默，也是《管理的未来》一书的作者，他所称的"管理创新"和我们所讲的制度创新可被视为同质。制度作为一系列行为的规范让人们觉得太过熟悉，因此常常被固化，生产、消费和交换如同芯片一样被死死嵌住，彼此捆绑、动弹不得。

昨日的经济已经像大型计算机一样过时，想想哈默关于高端创新匮乏的判断："管理活动仿佛在以龟速前行。如果一个 20 世纪 60 年代的 CEO 重新活过来，肯定惊讶于今日即时供应链的灵活度……但也会发现今天管理流程的很多方面与一两百年前的企业没什么不同。"把以上几句话中的"管理"换成"制度"，你就能更好地理解我们讨论的问题。

当然，今天活跃的创新企业在积极地弥补从前失去的时光。正如彼得·圣吉所讲，在过去的十年间，越来越多的创新型组织"以各自特有的方式，学会了从宏观的角度看待所生活、工作的体系。它们的目光超越了具体问题和表面困局，看到了在背后起作用的深层结构和力量。"变革这些"深层结构"，即制度，在今天要比大量炮制新产品、新服务、新企业战略或者新商业模式更明智，因为这才是真正稀缺、罕见、难以复制的。

公开交易的建设型上市公司股票价格指数在标准普尔 500 或纳斯达克、道琼斯行业指数中都更占优势，其上涨趋势不是逐步攀升而是飞跃式地挺进。想象一下，你是一名穿着精致的手工布洛克鞋、忙得焦头烂额的基金经理。如果把基金放入一个足够大的篮子里，做个中期投资，你就不会有损失了吗？错。与过去经验完全不同的是，在21世纪的头十年里，基金投资是极不明智的选择。市场毫无例外地遭遇了前所未有的糟糕局面，整整十年毫无起色，最后以巨大的价值破坏而终结。如果你在世纪之交向标准普尔500投资了100万美元，十年后实际上你会面临亏损：你的资产将只剩下80万美元（前提还是你仍然有工作）。然而，虽然股票市场停滞不前，但建设型企业的股票价格却稳如泰山或者逐渐走强——有时候甚至一路高歌。所以，如果你用100万美元投资了建设型企业的股票，你就会赚到300万美元，让你的资产变为原来的三倍（你甚至还能顺便得到一些不错的分红）。这就是在21世纪起作用的力量：在金融市场最为低迷的十年，收益的回报可以差300％之多。

说实话，这种市场实际上是非有效市场。在共同要素极低的条件下，市场结果是不合乎逻辑的，并且对不可知、不可靠和过度平均的基准线过于敏感。对于是否产生了真正的经济价值，股东价值也不能成为可靠的衡量标准，因为这仅仅是发生在股东之间的价值传导，而不是价值创造。

因此，我的团队做了更深入的研究。在几乎每个案例中，能创造股东价值的神奇力量都反映出建设型企业在利润生成和增长方面的行业引领作用，而不仅仅是创造股东价值，这些公司包括苹果、任天堂、谷歌、耐克和乐高。同时，在同类行业的对照组中，这种利润的生成和增长则趋向于衰减，并且通常已经严重到不可救药的程度。

　　但是发现问题离解释清楚还有很长的距离，仅是观察某些问题的联系并不能说清楚导致问题的原因何在。因此，我不能断言，使用了某种新的经营理念或者没有使用这种理念，就百分之百地决定了一个公司的短期利润率。然而，公司的财务状况本身可以反映深层的竞争环境，让我们可以发现问题的核心。那么在经营理念和企业业绩、制度、回报之间缺失的联系是什么？用一个词总结就是：优势。

　　我想对经济量子跃进的弧线进行追踪——这个飞跃已远远超出工业时代的经济学范畴。先锋企业可以达到下一代的效率、生产率、效能和灵敏性，而老牌公司仅能维持在工业时代先人们所创立的水平。这就如同用超级武器对阵弹簧折刀，后者的力量与前者的超级动力相比完全不能同日而语。

　　苹果超过索尼并不是渐进式的，它从注重科技生产率的传统一跃转向了社会生产力模式，使索尼只能蹒跚尾随。谷歌打破发展极限并以爆炸般的速度打造、规范、完善服务，使雅虎完全无法涉足其中，后者最后与索尼一样，未来的发展更加不确定。沃尔玛从运营高效提升为社会高效的模式，迅速成长并大大胜出了塔吉特超市。耐克从以运营效能为中心转变为以社会效能为中心，从而打败了阿迪达斯和彪马。乐高对美泰玩具公司，任天堂对世嘉株式会社，塔塔汽车对通用汽车，以及无限 T 恤在初期与 Gap 的竞争，都与前面所讲的例子如出一辙。我要提醒一下，表 1—1 中列出的先锋企业并不是完美、无缺憾或者无瑕疵的，而只是这些企业在经济表现上更好。

　　那么这种量子式跃进最终的目的地在哪里？建设型企业有

能力将悬在头上的薄价值转换成厚价值——有意义的价值、长久的价值、可增值的价值。厚价值被视作对人类有益的价值，反映持久的、可见的回报，但并不会被之前提到的两种经济危害所抵消。当这些先锋企业所创造的利润对民众、社区、社会、自然环境以及后代都能持续地、货真价实地带来有意义的好处时，那么它们就创造了厚价值。为了更详细地加以说明，我们回头再看看汉堡的例子：产生厚价值的汉堡要么做长远打算，将全部所需成本 30 美元降至最低，即 3 美元，要么相反地坚持做高品质汉堡，使定价高于 30 美元。所有先锋企业都在试图弥合二者的矛盾，虽然这并非易事，大部分时候都难以做到或者总有不完美的地方。

然而，保护普通民众、社区、社会、自然环境以及后代免受经济社会造成的伤害却恰恰是大多数公司无法做到的。因此，通过践行新商业理念来比对手做得更好，并创造出更多的厚价值的能力被称为更高层次的优势：建设型优势。这就是先锋企业所运用的商业理念能产生的结果，传统理念无法做到，也就是打破巨大的不均衡而重新取得平衡。先锋企业能够最大限度地减少经济损害而增加货真价实、可持续、有意义的价值，老牌公司却做不到。这就是建设型企业的优势。建设型优势来源于对新型商业理念的实际运用，来源于尝试以自信、准确的方式有力地启用新经济制度。

建设型优势在利润的数量和质量上都有体现。当一个公司比对手赚取了更多利润时，可以说这家公司具备了竞争优势。受限于传统经营理念的公司中，有 90% 仍然在寻找比较竞争优势。但是，这种有敌对性的比较优势零和游戏的问题在于，即便你在本领域内攫取了大部分利润，但利润很有可能在最开始就以成本转嫁或利益攫取为前提——无法保证你所获得的利润不来自破坏性经济因素。事实上，你的利润可能仅仅显示了越来越少的薄价值，具有太多的人为性、不可持续性和无意义性。这就是华尔街、底特律、Big Food 为我们清晰呈现的。只有当一个公司比对手赢得了更多高质量的利润时，才能被视为具备建设型优势。在表 1—3 中所显示的建设型优势来源，生动地说明了建设型优势如何比对手更好地创造高品质利润。

表 1—3　　　　　　比较竞争优势来源和建设型优势来源

比较竞争优势来源	建设型优势来源
成本优势：来自攫取资源的价值链，直至资源耗尽。	**损耗优势**：来自可以使资源再生、废物得到利用的循环价值体系。
品牌：传达单方价值主张所带来的利益。	**响应性**：流动的、不间断的、多方的价值对话。
市场主导：通过战略谋划阻止竞争发生的零和游戏。	**弹性**：通过持久运营哲学在竞争中逐渐产生的优势。
束缚：当公司为防止竞争者进入市场而进行自我保护时，对客户、供应商和监管者将加以控制。	**创造力**：当公司努力完善市场时，会创造新的竞争舞台，从而产生创造力。
差异化：对几乎相似的物品所呈现的特征进行表面的（甚至是想象当中的）细分。	**意义**：当公司寻找有意义的回报时将看到差异；当公司真正开始生产对人类生活有意义的产品时，就已经在创造差异。

　　建设型企业所具有的优势在于能够创造新类型的价值，而不仅是数量。由于高质量的价值风险低、成本低、抵抗力强、更持久，因此对各利益相关方都更有价值，这些利益相关方包

括普通民众、社区、社会、后代、员工、监管者和投资者。我们后面将要分析，沃尔玛、耐克、苹果和谷歌在与对手竞争时不仅是在创造更多价值量，还通过产生更高质量的价值，在竞争优势上取得了飞跃。建设型优势就像一种超级武器，威胁到了诸多对手，如索尼、雅虎、Gap和塔吉特等，这些企业依赖低质量的利润，其生存空间逐渐受到挤压，不仅经营战略陈旧，制度也已过时。

这就是我为什么说先锋企业在重整商业秩序。当然，它们不是孤军作战。客户、投资者、政府和供应商在联手与它们共进退，其创造的高质量价值得到了高回报。全球的监管者都越发警惕各个行业中出现的破坏性经济行为。在美国，许多产业都在迅速转变中，如保健、能源、金融等。中国正在严肃地面对环境问题，并在 2010 年 5 月最终通过了针对空气质量的监督规范。中国自从 20 世纪 90 年代之后就一直在讨论是否使用"三重底线"记账方式（社会、经济、自然环境三方平衡）。投资者越来越多地把目光从财务数字转向了对利润质量的评估，而不仅考虑其数量。在冷静甚至无情的投资决策中，很多社会责任指标（如 KLD 研究分析评分）、道德指标（如 Fraser 咨询公司的道德名誉指标）、公司治理评分（如 Institutional Shareholder Services 的公司治理指数）起到越来越重要的作用。曾经没什么权利、被排除在外的消费者已经变成了有知识、有内涵的客户，他们希望从一个企业获得的不仅仅是物品。他们越来越倾向于从对个人而言更有意义的企业那里购买产品，并愿意为专属产品做少量的额外支出。如果你嘲笑这样的消费心理是一种奢望，仅限于发达国家，而且认为在诸如中国、印度和马来西亚等国家不存在这种需求变化，请三思：因为这正是我们的研究要告诉大家的——人们最想要的是厚价值。

难点在哪里？从各个方面来看，公司大多被迫将其造成的经济损害内化，提供货真价实的、可持续的、对人类有意义的好处愈发困难，而能够实现这些目标的公司就具备了建设型优势。相反，这同样意味着，昔日比较竞争优势的价值已经在下降，不足以创造厚价值。肤浅的产品差异化、变幻莫测的市场份额、过度包装的品牌以及仅有微薄利润的成本优势——这些都使企业越发难以取得好业绩。在商业世界重新洗牌的过程中，传统企业已经失去了阵地。从前，沃尔玛凌厉的削减成本方式使其具备了领先世界的竞争优势，但最终也因转嫁成本和攫取利益而为民众、社区、社会、自然环境和后代带来经济损害。今天，你如果听说沃尔玛的经营策略从竞争优势转为建设型优势，一定会感到惊讶。这家企业如今特别强调的是，将之前的两种经济危害从规模庞大、覆盖全球的商业引擎中排除出去。沃尔玛已经明白，当世界经济活动从狩猎场转向方舟时，竞争优势只是赌博的筹码，只有建设型优势才能助燃21世纪的经济腾飞。

可以把建设型优势看作企业从对民众、社区、社会、自然环境、后代的深层债务中的解脱。深层债务就如同过度举债一样，利息随着利率升高不断增长，是极大的冒险。催还债务的人可以来自我们之前提到的各个层面，催还手段则是多样的，如税收、规则制定或者某个深层债务麻烦暂时较少的对手。相反，当公司尽量降低深层债务时，过度举债的风险和成本都会锐减，从而全方位降低资本成本、大大提高回报。当沃尔玛大刀阔斧地纠正过去造成的经济损害时，就已经迈出了降低深层债务的第一步。这个点，从经济学角度来看就是正确的起点，是21世纪商业秩序的标志。较少的深层债务就等于较高的利润以及更多的建设型优势。

建设型优势是逃脱传统商业困境的关键，其主张是："我们不需要通过经济损害来获利；实际上，损害减少得越多，我们获利越多。"那么其竞争结果是怎样的呢？那些只能通过经济损害创造价值的对手们仍然陷在困局中不能自拔，它们只能把转嫁的成本和攫取的利益收回来，才能继续留下来参加比赛。最后竞争的结果就是：建设型企业的新型竞争优势将在21世纪取得成功。

总　结

千年以后，当我们的子孙想要为人类最伟大的发明树碑立传时，我有种预感：在"史前最古老发明"的尘埃中矗立的，除了民主、科学、芯片以外，经济很可能会占有一席之地。旧商业秩序将上演的悲剧，就如同亚当·斯密所形容的看不见的手一样，全方位地展示了攫取上百亿资本而造成全球贫困的局面；或者如同优雅的约瑟夫·熊彼特所形容的那样，在一片喧腾的创业浪潮后面隐藏着巨大又神秘的破坏力量。

如果这些教训能给今天的我们一些启发的话，会让我们想起歪心狼①的故事——它买的小玩意儿可能有用，但是歪心狼无法克服自身的局限，他缺乏想象力、目光短浅、贪得无厌地关注短期的满足感，并且完全无法从过去的失败中吸取教训。因此，可怜的歪心狼总是一次又一次地从悬崖上摔落、被卡车碾压、倒栽葱地撞到墙上。

我们的后代会告诫我们，你面临的挑战和歪心狼是一样的——重新想象一下你作为一个企业家的角色，这样才能建立一种既不牺牲收益又能改善其固有缺陷、不同于先前商业的新模式。由于史无前例的经济危机已经把全球经济破坏得伤痕累累，传统商业的缺陷也已完全暴露出来。第一，21 世纪商业要做的就是重新思考"资本"这一概念——其建构的组织不能像机器一样，而应是由各种资本组成的有机的联合体，包括自然资本、人力资本、社会资本及创造性资本。第二，重新思考"模式"：在什么时间、什么地点、以怎样的方式，这些不同的资本可以最有效地生根、发芽、扩散并被使用——以及再次被使用。之后，我们所需要的就是新一代的革新者，他们将为我们建立更深刻的、坚实有力的制度基石。

虽然我们从本心来讲并不愿意承认，但是我们知道：实现全面的经济繁荣，比之前经济自足时期所花费的努力要大，因为这口井已经被挖得足够深。我们更加切实需要的，是不引发深度债务的能力，忠于职守地把人类剩余的潜力充分开发出来。

---

① 来自动画片《BB 鸟与歪心狼》。——译者注

因此，这就是 21 世纪的企业家要做的事情。第一，重新思考
"资本"——建构的组织不能像机器一样，而是由各种资本组成
的有机的联合体，包括自然、人力、社会、创造力。第二，重
新思考"模式"：在什么时间、什么地点、以怎样的方式，这些
不同的资本可以最有效地生根、发芽、扩散并被使用——以及
再利用。总结来说，将两方面综合起来，让公司、国家和经济
体获得一个新高度的优势，达到成功的又一个新顶点。

因此，新一代的革新者要建立的商业秩序更深刻、更坚实
有力、更广阔。企业不通过攫取公众、社区、社会、自然环境
和后代的利益来获取利润，而是反过来为他们谋福利。我们将
会发现，这才是真正的价值创新的本质——它何时、在什么地
方生根，经济繁荣就在什么地方出现。通过精心打造、突发灵
感，有时候甚至是意外收获，企业建立了一个更好的商业模式。
通过这种模式的建造，企业超越了传统的商业模式。

跟踪这些先行者开辟出的足迹，我们会遵照六个步骤，掌
握建设型优势的五种来源以及每一种来源依托的经营理念，最
后运用这些方法去实现最佳效果。虽然我们会给大家讲很多案
例和小故事，但都是围绕经营的基本理念展开的，而非强调某
个具体公司。公司只是用来说明并阐释理念的轮廓、模样的。
能达到新一度的优势的公司会不可避免地被更替，但后起之秀
一定会更加稳固地铺设新的经营基石。

未来属于建设型企业。我们要告诉大家的，正是如何实现
这种模式。

Loss Advantage

From Value
Chains to Value Cycles

2

损耗优势：从价值链到价值循环

Loss Advantage

From Value Chains to Value Cycles

成为建设型企业的第一步，是学会取得损耗优势，这需要将线性的价值链转变成价值循环。下面我们将介绍一些创新型企业的转变过程。

* * *

沃尔玛如同《星球大战》中的死星：极度精益、极度狭隘，又像行星一样庞大。它通过抢夺自然资源、压榨供应商、破坏社区利益，成长为世界上最大的企业——同时也是环保人士及改革者眼中的公敌。而今天，沃尔玛却十分可疑地提出了三个公益性目标：100％地使用可再生能源，实现零废物，只销售对环境有益的产品。一如从前，其目的是提高经营效率，但这次使用的是 21 世纪的建设型模式，而且在那个声名狼藉的本顿维尔市的斯巴达风格的办公室里，这是赢得了最多支持的方案。

从前的沃尔玛以获取成本优势为目标——这是工业时代企业优势的最原始、最简单的形式。成本优势生动地体现了企业的运营效率：拼命减少成本，这样董事会就能受益，企业的经济状况也会变好。因此，沃尔玛通过减少劳动力成本、营销成本和输入成本，成为世界上最大的企业之一。

但是，单单依靠提升运营效率有一个问题。公司往往增加了一系列不可见、计划外、本不需要的隐形成本——环境成本、人力成本、社会成本等。但由于这些成本通常难以察觉，因此往往不被计算在内，也不被控制。这些成本的影响通常被称作外部效应或者溢出效应。这一概念由剑桥经济学家阿瑟·赛斯尔·庇古提出，后来多位经济学家对其做了提炼，包括麻省理工学院的彼得·圣吉（他将这些成本引入到对组织的分析中），可持续性思想的领军人物保罗·霍肯、埃默里和亨特·洛文斯（他们指出了这些成本对自然界的影响），诺贝尔奖得主约瑟夫·斯蒂格利茨和阿玛蒂亚·森（他们研究了这些成本在宏观经济层面引起的后果）。可以说，在这些人的深刻见解中，共同点在于他们洞悉到：当整个范围内的成本没有得到最小化，一种价值只是被另一种价值所代替。你在一方面降低的成本可能会以另一种方式增加——比如，工厂污染河水、汽车尾气污染大气、食物引起健康问题等。如果一样东西是"免费的"，那么价格就低，我们就会过度使用。这就是为什么我们在单纯追求运营效率的过程中，会出现太多的资源掠夺，甚至造成资源枯竭。

那么，这些成本都转嫁到了谁的身上呢？传统的商业习惯于关注对手，比如，其他有竞争性的公司、采购方、供应商、合伙人等，企业会努力使用传统手段战胜它们，如提升运营效率。然而，我们所研究的建设型企业会考虑五类利益相关者，这也是本书中一直反复强调的：公众、社区、社会、自然环境和后代。

因此各种角力之后，沃尔玛很可能实现其"天天低价"的目标，即运营效率的最佳体现，但也以隐形的、无法计量的环境破坏为代价。如果不考虑保护、维持、更新资源产生的成本，以沃尔玛的体量与规模（如果把它看成一个国家，那么它已跻身世界最大经济体的前 25 名），自然资源最终将遭到威胁，危害社区和社会。盛世长城广告公司 CEO 亚当·韦巴赫是全球可持续发展理念的先锋人物，他曾与沃尔玛密切合作帮助其完成初期的转型。他这样向我介绍："沃尔玛最开始提出可持续发展的战略只是出于自保。在 20 世纪 90 年代该公司实现了爆炸式的增长，成为世界最受瞩目的公司之一，但却对之后遭受的攻击没有准备，尤其是来自工人和环保组织的指责。在沃尔玛挺进世界 500 强后，社会对公司的期望也越来越高。"

社会是这样看待公司的：今天，洗心革面的沃尔玛发现从前只关注运营效率的模式已经不足以保证持续的经济优势了。建设型商业对效率的定义是社会效率。这意味着将生产引发的全部成本最小化，不论是运营过程所产生的直接成本，还是对社会、社区、环境及民众产生的隐形成本。这样的效率更加全面，从经济学的角度来看更可靠。这不是片面的效率，不是只考虑生产活动中的某些成本。

实现 21 世纪更佳的效率模式，即社会效率，其结果不仅能带来成本优势，而且能产生损耗优势：建设型企业的第一种优势来源。沃尔玛利用它重新构思了生产和消费的经济学计算方式。损耗优势的意思是，一方面将商业活动本身的直接成本最小化，另一方面将这种商业活动所带来的对社会、民众、环境等经济参与因素的损耗最小化。寻求成本优势的企业通常没有责任感，它们会转移成本或者隐藏、转嫁成本，而寻求损耗优势的企业则以责任感为目标，可以说以颠覆传统的方式承担责任：它们愿意对生产所引发的所有成本和损失全方位负责。

运营效率可被看作社会效率中微小的组成部分之一，其作用是极弱、极其微不足道的：它只将公司当下受法律压力、社会压力、竞争压力而被迫付出的成本最小化。寻求损耗优势的企业在承担起这种压力的同时，还致力于将全部能够考虑在内的成本最小化，使自己避免了未来需要承担的法律、利益相关方和社会方面的压力，同时放大了竞争对手要承担的压力。2009 年，美国国会通过了具有标志意义的《美国清洁能源与安全法案》，首次提出要最大限度地控制美国的温室气体排放。当一个关于控制温室气体排放或者对排放征收税费的提案得到通过成为法律时，寻求成本优势的企业将发现它们的成本理念被完全破坏，因为二氧化碳成本也要计算在内。相反，如果它们从前就采取损耗优势的模式，未来就不会走上歧途，因为虽然竞争还在，但二氧化碳成本已经得到最小化，或者以其他方式抵消。

损耗优势还体现为，通过降低成本及其他消耗，比起只寻找成本优势的对手，企业可以节省更多成本。再看看现在沃尔玛的可持续性新目标：实现零废物。当企业努力将废物最少化的时候，对社区和社会的损害也会降至最低。沃尔玛通过减少垃圾、降低包装使用量、降低垃圾处理成本等方式，比从前大大节省了总体成本。

这仅仅是开始。追求损耗优势的企业通常能够打破过去商业牢不可破的界限：高价商品是好的，低价商品是不好的。将消费者的成本最小化使我们能够为他们提供更有价值的产品，但我们首先提供的是低成本的产品。

想想沃尔玛的故事和星基斯特海产公司有什么不同。有一天，星基斯特的高管认定人们需要有责任感，于是开发出一种对海豚无伤害的方法来捕捉金枪鱼，并为此额外收费。但令人吃惊的是：消费者不愿意为保护海豚而负担额外的费用。

星基斯特真正的挑战不仅在于创造了一种有益环境的方法并为此额外收费：问题在于如何重新设置整个商业模式，使捕捉金枪鱼同时保护海豚的方法的价格和从前一样甚至比原来更低。星基斯特应该投资一个可持续发展的养鱼场或者海豚基地（来保护海豚的生存）。企业的目标应该是将海豚牺牲所带来的社会成本最小化，同时降低新方法本身的成本。

但是和许多公司一样，星基斯特只想转嫁成本，而不是将其最小化：星基斯特毫无想象力地继续寻求薄价值，把社会损失造成的成本转移到普通民众身上，而不是将其降至最低。从经济学角度来看，该公司只是想为"奢侈品"征税，而不愿承担负面的外部效应。

这就是 20 世纪的商业模式，有害无利。21 世纪优势是这样的：沃尔玛（对，就是沃尔玛）将诸如海洋管理委员会等非政府组织纳入到新的供应体系之中。同时，沃尔玛与海洋管理委员会合作，将星基斯特没有完成的任务完成了：以可持续的方式捕鱼并为消费者提供更低价格的产品，淘汰了不可持续的经营方式。

星基斯特的成本肯定会上升，因为不可持续的方式会使鱼群数量逐渐减少。相反，沃尔玛的成本会下降，因为无论从规模、学习效应，还是保护鱼类资源的程度上，可持续捕鱼的成本都在降低。当两个公司的业绩曲线相交的时候，就该和星基斯特说再见了。

这只是在本顿维尔"大地震"后的一次小小"余震"而已。新的沃尔玛所寻求的基础优势来源不再是成本优势，而是损耗优势。以此为目标，沃尔玛通过降低成本和对社会的损害，努力向效率的更高一级攀登，这是实现厚价值创造的第一步。

那么，一个企业是如何从关注运营效率转而实现更高水平的社会效率并取得损耗优势的呢？损耗优势的产生，依赖于重新定义、重新组织、重新构建生产和消费过程，打造价值循环，而不是价值链。今日的创新者发现，建立价值循环而非价值链是保证资源再生、停止攫取当下资源的关键。

从价值链到价值循环

21 世纪的企业运营应该基于这样的前提：使用可再生资

源，资源的重新供给速度要高于它们被消耗的速度。在共生关系支撑的 21 世纪，可再生资源比起不可再生资源能够明显地促成更为健康的经济形式。可再生资源破坏风险低，在重置、维护、废物产生和垃圾处理方面成本更低。一座钻石矿创造的价值可以持续几十年，但当资源耗尽，价值随即枯竭。因此，在今天，可再生资源已进入诺贝尔奖得主哈里·马克维茨的研究范畴，称为有效边界：通常情况下，可再生资源从长远来看能够创造更多价值，具有更低风险。

这和过去的情况完全相反。20 世纪的企业是建立在价值链的基础上的——你一般会想到更庞大、更糟糕的生产线。价值链常常使企业误入歧途，选择建立不可再生资源的基地。约翰·洛克菲勒对美国的工业结构进行了纵向改革，将石油的生产、提炼、市场营销和分销组成一个有机整体，从而创造了跨越全球的价值链，称雄一时。在美国百老汇街 26 号的标准石油公司的会议室里，标准石油公司管理委员会牢牢地控制着属于它的世纪。价值链的设计基于线性的生产方式，线性思维占主导，如标准石油的价值链。把资源用光，然后弃之而去，不必担心资源消失以后该怎么办，把问题留给别人。

线性生产模式下所制造的产品，经过一定时间的循环后就会"死去"。比如，标准石油的生产流程包括钻探、提炼、管道输出、装桶、运输、进入市场、零售。链条在此就终止了。对于标准石油公司及其后继者，如埃克森、美孚、雪佛龙、优尼科，当汽车排放出二氧化碳后，石油的生命就此结束。当然，在价值链的终端，废物并没有死去，只是转移到了社会、社区和普通人身上。

而21世纪的企业是建立在价值循环基础上的。与价值链模式截然相反，循环本质上是往复的。循环生产模式在原有的产品生命闭环中添加了"重生"的链条。价值循环考虑的是在资源失去生命或不再具有生产力的时候，如何得到重新利用——回收、改变用途、重新生产，使这些资源重获生命或者再次具有生产力。新世纪的企业不仅生产产品，还具有重新生产的能力，将资源再次利用起来。

价值循环的目标十分简单：绝不浪费，循环使用一切资源。因此，资源被反复且集中地加以利用，不会枯竭。事实上，这种方式创造了21世纪的新型规模经济：循环经济。资源被集中、频繁、持久地循环利用次数越多，成本下降就越大，因为每次循环都摊销、平衡了生产的固定成本，如厂房、资产和人力。

价值循环在价值链基础上增加了四个新的组成部分，从而变成了循环模式：

- 再上市——生产过程的哪些产物应该进入再使用、循环、再生产过程？我将分析英特飞公司是如何将竞争者生产的地毯、地砖以及自己的产品进行循环再利用、再生产的。

- 再生产——我们再利用、循环使用、再生产什么？英特飞大胆创新，发明了酷蓝技术，将一系列可再次使用或循环利用的材料变成新的地砖。

- 反向物流——如何回收废弃的产品以进行再生产？

英特飞的回收服务专门负责收回他人丢弃的旧地毯，公司与负责废弃物品分拣、运输、捐赠的社会组织和慈善机构合作，这样很好地完成了废弃地毯的再利用。

· 循环流动——价值循环的方向是哪里？价值链是条单行路，但价值循环可以朝任何一个方向运动。

图 2—1 呈现的是价值链的样子，图 2—2 呈现的是价值循环的逻辑。

入场物流 ⟶ 运营过程 ⟶ 成品物流 ⟶ 上市 ⟶ 服务

图 2—1　价值链

为了更好地理解创新者如何构建价值循环模式，我们将逐一地对循环中的四个方面进行分析。

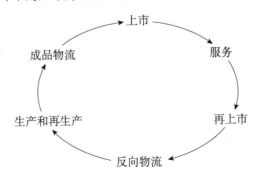

图 2—2　价值循环

说明：锐意进取的变革者将价值链转变成价值循环。设计这种生产网络的目的在于强化资源的回收、再利用、循环、再生产。

再上市

再上市需要解决的问题是，区分什么样的资源是可再利用的、能够进入再循环，什么样的资源是不能再利用的。建立价值循环就是要将能够重复使用的资源放入循环中。相反，只有当公司知道它们在消耗的资源是什么时，才能知道需要重复利用什么。

耐克用 Considered 环保指数来评估它所生产的运动鞋的环保性。耐克公司通过设计和生产环节来控制废料的产生，测量在加工过程中产生的诸如有害溶剂等有毒物质，评估生产中所使用材料的可持续性——从能源使用、用水、回收程度、碳排放等方面进行衡量。通过使用 Considered 环保指数，耐克逐渐认识到生产运动鞋对自然资源所产生的广泛的消耗：无论是地下水位、大气还是掩埋垃圾的土壤。同时，公司也明白了再次利用材料和产品的必要性。

Considered 环保指数是耐克搭建的第一个公司再发明平台。了解了耐克在什么地方以怎样的方式消耗了哪些资源，是公司走向深入、彻底转型的第一步。通过使用该指数，耐克开始尝试全新的运动鞋设计方案——环保设计。其宗旨是："在整个设计和开发过程中减少废料的产出，使用环保材料，消除有毒物。"

环保设计的目的是以最低廉的材料设计高品质的运动鞋，不消耗资源，维护资源平衡。这一理念打破了传统工业时代的矛盾：绩效、成本和可持续性永远此消彼长，势不两立。通过使用环保设计，耐克生产出更高质量的产品，更有创新性、更加可持续，也比竞争对手销售得更好。今天，耐克的畅销跑鞋飞马就是环保设计的杰作，用最原始的材料生产出来，如环保、低能耗的水性黏合剂，可循环使用的橡胶和泡沫（如耐克公司自己旗下的橡胶 Nike Grind）。同时，不必要的材料被完全抛弃。那么结果如何？一双鞋鞋底的 83% 由环保材料制成，比普通跑鞋轻 13%——这既赢得了更大的利润，也对长跑者、对耐克公司、对社会都更加有益。这就是厚价值。难怪耐克希望全部跑鞋都采用环保设计、全部服装都采用环保设计，公司计划全部产品实现环保化。

耐克是再上市方面的领先者。该公司一直自问：我们是否能将输入的材料或输出的产品回收、再利用，或发掘新的用途、再生产？如果不能，我们是否能找到需要这些产品、材料的人并与之进行交换？如果仍然不能，我们需要找到一种方式将这样的材料或产品从循环流程中去除，因为价值循环不能掺杂进无法被回收、再利用或更改用途的东西。Considered 设计就是提出并能解决这类问题的最先进模式之一。

再生产

Considered 设计只是一个开始。耐克的目标是通过 Considered 设计进而转变成循环生产模式，公司描述的未来愿景是："全部材料都要循环利用，生产出我们想要的东西。"Considered 指数和 Considered 设计是迈向愿景的前两步。第三步是，如果耐克公司发现某一种材料的使用、处理和加工过程是无毒、无害、不产生废物的，公司就会致力于回收旧鞋。一旦回收了旧鞋，公司就能以低成本进行二次制造，而不是花大成本生产新鞋——这样一种新型的、优质的成本优势就得到了扩大。

作为价值循环的先锋，耐克从 1993 年起就开始尝试对旧鞋进行改造利用。公司在美国和比利时分别建造了工厂，将跑鞋分解为橡胶、泡沫、纤维。橡胶被用来制造室内足球和橄榄球球场、泡沫用来制造篮球和网球球场。今天，作为 21 世纪经济的代表，耐克公司希望将可再生的边界再往前推进一步：从原来对废物的再上市转变成再生产。其目标是，客户购买的每一双鞋在穿烂后都能在当地被回收，可能负责收购的就是耐克鞋店。然后，旧鞋被二次制造成新鞋、衣服和运动器械。客户和社会会获益，耐克公司也从中赢利，且一旦循环生产的模式稳固，利润空间会迅速提升。

耐克公司的宣传是这样的："今天，您穿坏了的运动鞋可以通过新的方式延续生命：用来建跑道、球场、体育场。在未来，我们的目标是所有的耐克运动鞋、服装和器械都能被循环改造成新的产品。我们将通过循环的方式设计、制造，以循环的方式使用材料，就像现在塑料瓶、可乐罐和纸张的重复使用一样。"

发现耐克改革的杀手锏了吗？对运动鞋的生产与销售颠覆式的再认识——以资源再生而不是消耗为动力的新模式。竞争对手把可持续发展看作市场营销行为，而耐克将其理解为价值循环，这是实现损耗优势的关键。企业今后建立起来的新一代商业模式必然会创造越来越多的厚价值。

英特飞集团已经进入损耗优势的第二步，不仅在本公司进行再生产，还回收其他企业的废料进行再利用。该公司的 CEO 雷·安德森——《绿色企业家》的作者，也是曾帮助沃尔玛总裁迈克·杜克创建可持续发展愿景的贵人——曾以英特飞工厂为例给沃尔玛团队上了生动的一课。他这样说："我们希望推动企业运转的是阳光和可再生资源，资源可以循环利用。不仅仅是建立一个大家都熟悉的有机循环——从尘埃里来到尘埃里去的循环，而且是与之相似的技术循环，通过回收流程，使用过的产品能再次获得生命，这样保证没有任何一个分子被浪费掉。"

任何分子都不浪费吗？难怪他这样告诉《快公司》杂志："我希望在下一次工业革命中处于领先位置。"英特飞的目标就是要做第一家"不被油井困住"的地板公司。由于乙丙烯和其他石油副产品都是制作地板的关键原料，不断加剧的原油短缺问题是地板业的定时炸弹。英特飞已经开启了它的循环之轮，利用以玉米淀粉为主要原料的生物纤维作为替代品。而同时，英特飞的回收服务——公司领先的地毯回收和循环利用项目——也回收竞争对手的产品。因此，该公司的口号是："英特飞收购你的地毯。"在不久的未来，也许这个公司还会回收你的瓷砖、塑料瓶，甚至垃圾。

没错，垃圾也回收。英特飞开发了一个更具革命性的制作工艺来制造地毯底背，称为酷蓝技术，工厂基地在美国佐治亚州的纳格兰。酷蓝没有使用新型材料来制作地砖和地毯，而是用废旧物和其他物品来进行再生产，以旧造新。酷蓝可以把玉米而不是石油变成地砖和地毯，因为玉米是可再生性资源，而石油则不是。这样，英特飞从长期来看就取得了成本优势。

想想生产过程中的经济学原理。一旦材料进入英特飞的价值循环，就会一直运转下去：材料可以永远被再利用、再循环。因为公司使用的原料是人们生活中的废料，原材料的成本费用相对来说更低。这个循环的助推力在于：由于低成本的材料在循环中被反复使用，对公司和社会来讲平均成本都将趋近于零，即厚价值越来越高。正如安德森在 AltEnergyStocks 网站上所讲的："15 年来，我们已经证明，可持续发展是以更合法的方式赚取更高利润的更有效途径。"

通过造福所有人，英特飞也为自己带来了福祉。企业使用酷蓝技术越频繁，就有越多的地毯和地砖被制造出来，避免了石油的消耗，造福了广大民众、社区、自然环境，以及英特飞公司。

然而不是所有东西都那么容易被回收。像所有企业一样，英特飞仍然在使用石油能源并排放二氧化碳。这方面英特飞靠自己难以做到回收和再利用。因此，为了抵消这些成本，公司开始寻找清洁的可替代能源，如风力发电和地热；通过投资碳信用和碳减排项目，来抵消公司的环境破坏。举例来说，英特飞曾从新西兰的风力发电厂购买减排信用。虽然经常遭到环保人士的诟病，但类似的成本抵消方式是循环生产的一种办法，即把生态循环流程外包给其他人，让其代替我们完成废物处理。

由于抵消的方式会带来利益冲突，比如，你无法保证分包商能严格按照你的高标准执行，这些问题在大多数外包关系中都会出现，因此这并不是完成循环的最有效方式。然而，对很多公司来说，这是探索循环生产经济模式的简单途径。

很多企业在努力通过碳中和的方式倡导环保，但对英特飞来说，这无异于一个赌注：英特飞通过抵消碳排放、购买绿色能源实现了废料的零增加。但酷蓝技术通过回收，让英特飞能更积极地利用废物，实际上实现了对社会排放废物总量的最小化。或者从经济学的角度来看，这种方式将每个人的损失都降至最低，因为废物本来就是一种损失。这就是真正的损耗优势：企业不仅致力于废物的零增加，而且要实现对废物的积极利用，对资源的反补要大于消耗。

英特飞目前是世界上利用可再生资源最有效的企业，其业务几乎全部建立在可再生资源基础上。这就是真正的21世纪企业，因为英特飞不再受制于越来越严重的资源短缺问题或者接踵而来的市场混乱。

英特飞让激进的变革变得简单易行，但传统的商业模式仍然死死地控制着大多数企业。设想一下，价值循环对于某些产业（如时装业）将会有多么巨大的震动。一方面公司销售产品，另一方面消费者每周都会提供能够被处理的旧衣服，其营业额是可观的。Topshop 在伦敦的门店每周大约引入 300 个新款产品。为了加快时装产品生产的速度，Topshop（以及竞争对手 Zara 和 H&M）都要确保淘汰的衣服更快地被更替。虽然 Topshop 对可持续性发展只是做出有限回应（如购买了更多公平贸易认证组织销售的棉花），但在这个产业中价值循环是必然的，因为第一个对别人的旧衣服进行再利用（如同英特飞收购对手的地毯）的公司，将实现巨大的损耗优势。最终，这样的企业就会以更低的价格、更快的速度生产更信得过的产品。

价值循环意味着垃圾可以全方位地变废为宝。规模经济创造了强有力的激励机制，使企业以其全部能力水平利用资源：尽量多地制造产品来降低平均成本。在循环经济中，激励机制完全不同：平均成本的降低不是体现在产品层面，而是原材料被反复使用和循环的次数上，次数增加了。对于英特飞和耐克来讲，再生产的频率越高，地毯和运动鞋的平均成本越低，因为塑料、橡胶、泡沫和其他原材料不停地循环往复，从产品变成废物又再变成产品。关键在于，所有产品和废物在每次循环中都不会再产生重新购买的成本。

反向物流

价值循环的第三个方面是反向物流，最高效的价值循环路径一定是最短的。拥有价值循环的公司总是努力让生产环节尽量靠近消费，以减小资源被回收、再生产、改作他用、重新利用所需要的距离。

在耐克开发其价值循环体系时，必须建立这样一种反向物流，保证运动鞋不仅从工厂流向运动员，而且还要能从运动员流回工厂以进行再制造。英特飞已经建立了自己的回收团队，专门负责收回本公司及竞争对手的地毯。英特飞明白，循环和

再制造的免费原材料越多，平均成本降低得就越快，更多的厚
价值就会被创造出来。

循环流动

建立价值循环的第四个方面是循环流动。谁让循环体系运
动起来？价值循环可以像传统的、供应驱动的线性价值链一样
向前滚动，董事会推动原材料进入生产的不同阶段。但是循环
体系还应该向后滚动。为了最大限度地创造价值，价值循环体
系还应该以需求为驱动力，因为只有让消费者来拉动资源才能
保证资源仅在被需要的时候投入生产，最大限度地降低进货、
库存及成品浪费。

在这个意义上，沃尔玛、耐克甚至英特飞并没有建立起真
正的价值循环体系。这些公司的循环体系运转方向是错的，它
们仍在沿着从供应到需求的方向前进，而不是相反。那么，谁
找到了正确的价值体系运动方向，让需求推动生产呢？

让我们看看乐高，一家最不可能成为先锋企业的公司。五
年前，乐高濒临破产，深陷企业战略的失败泥潭。而今天，该
企业赚取的利润达到前所未有的水平——营业利润率从 2005 年
的 5％提高到现在的 25％，而其对手孩之宝和美泰公司已经挣
扎在生死边缘。这一切都应归功于乐高对传统商业模式的抛弃
和对未来模式的接纳。在乐高工厂，我能够上传自己设计的乐
高玩具模型，工厂将为我一个人生产产品，制造出我想要的模
块。需求大大地带动了价值循环，董事会推动工厂机器转动的

情景没有了。

乐高再循环、再利用的不是玩具模块，而是创意。我上传一个创意，你能继续用。公司不再从零开始进行玩具创意设计，而是借鉴消费者的创意。乐高实现了高效率、高收益，将开发和设计玩具的成本大大降低。乐高可以从不断翻新的创意中吸收灵感，因此，乐高工厂实现了一种软资源的价值循环：创意和设计得到再利用，以更高的效率创造硬资源——新型玩具模块，从而产生厚价值。

乐高工厂不仅将玩具成本最小化，也将顾客的损失减至最低。同是玩具模块，由于设计不同而更好地满足不同顾客的喜好。由于我拿到了完全符合自己想象的玩具，浪费的资源将更少。不会再因为玩具模块种类有限，顾客在订购后收到不符合自己要求的玩具，而乐高也不会再面临产品无法满足顾客要求的风险。和耐克的环保设计一样，乐高工厂打破了工业时代利益权衡的僵局。企业将废料、人力、复制成本最小化，同时将顾客满意度和产品创意性最大化。乐高在玩具上创造了厚价值——实现了损耗优势——价值循环由顾客驱动，颠覆性地对创意和生产过程进行了重新构想。

为了让价值循环产生真正的、完整的损耗优势，也就是将厚价值最大化，循环过程会更新公司使用或影响的全部资本。目前还没有哪个公司能做到这个程度，但是本书中讨论的很多公司都已经接近这一标准。

乐高公司将创意而不是玩具模块进行了再循环。但是公司还可以把乐高工厂价值循环扩大，将创意和模块都纳入其中，深化损耗优势。比如，顾客可能自己设计玩具，然后把旧玩具邮寄给公司使其进入再循环，生成新的玩具。那么结果会是怎样？乐高会比今天创造更多的厚价值。

沃尔玛由于破坏了其店铺所在社区的社会资本（指交通、卫生、通信等公共基础设施），受到指责。沃尔玛的出现使它所在社区的屠夫、药剂师、面包师都失业了，这个社区交流活动的中心就被破坏了。如何使社会资本得以再生？答案是使这些社会资本成为沃尔玛价值循环的一部分，比如，沃尔玛超市可以成为举办社区活动的地方，如市民会议、选举或日常照料等活动。或者沃尔玛可以让当地的商户进入沃尔玛做生意，使沃尔玛成为社区的核心。相应地，这样做能为超市带来新的客户、新的收益源、更通畅的信息，与当地人的关系更亲密、更持久。这听上去不切实际吗？问问你自己，如果在十年前，你会想到沃尔玛是可持续发展的领军企业吗？也许十年之后，沃尔玛会采取更为革命性的战略来追求可持续的厚价值。

总　结

过去，沃尔玛是全球最大的企业，它有很高的运营效率，利润薄却稳定。耐克为了获得成本优势，将生产外包给发展中国家。而在今天，和英特飞一样，这两家企业都意识到20世纪的效率无法取得21世纪的发展优势。今天的挑战在于从内到外创造一种更好的效率模式：将直接成本和全方位损耗降至最低，创造厚价值。为了在新世纪赢得效率，这三家企业——沃尔玛、耐克和英特飞都对工业时代的生产经营理念进行革新：企业生产不是线性的，而是环形的。企业这样做并非出于利他主义，而是为新的战略、竞争及最终一种新型优势的到来开辟通路，最终实现损耗优势。简言之，为了明天而对资源进行再利用，要比攫取今日有限的资源更明智。

你是否也向建设型企业的转变迈出了第一步？可以根据下面几点做个参照。

第一，价值循环输入的必须是良好的材料。你是否评估过生产过程中所使用的原材料的全方位成本？包括环境成本、社会成本、人工成本。你有类似 Considered 指数一样的工具来判断材料是否可循环吗？如是否能再利用、改作他用、再循环或者再制造。你是否掌握了 21 世纪更有意义的经济计算方法？

第二，原材料和产品必须经历一个循环——以最低的消耗完成该循环。在再利用、改作他用、再循环或者再制造这几个阶段，你已经达到了哪个层次？你是否把某种工业时代的流水线转变成循环模式？在资源循环中，你的成本降幅足够大吗？

第三，生产、消费、再生产之间的时间和空间距离要尽量缩短，来进一步提升循环的效率。你们公司的循环模式是否存在距离太长、太耗费能量的问题？你们公司的循环过程需要库存成本、运输成本和营运资本吗？换言之，你们公司的循环是否低效？

第四，也是影响最大的方面，价值循环必须动起来。谁来推动生产或再生产的齿轮向前运转？你的价值循环是怎样运动的，向前（从供应到需求的方向）还是向后（从需求到供应的方向)？

Responsiveness

From Value
Propositions
to Value Conversations

3

响应性：从价值主张到价值对话

Responsiveness

From Value Propositions to Value Conversations

现在你已经建立了价值循环并获得了损耗优势。要成为建设型企业的下一步就是获得响应性，提高价值循环的速度、准确性和灵活性。响应性就是将从上到下的消费者被动接受的价值主张，转变成深入的、民主性的价值对话。为了理解这一理念在实践当中是如何体现的，让我们近距离地观察一家先锋企业。

* * *

在公司的会议室里，每分钟要做出多少决定？

没错，我问的不是一年、一个季度、一个月、一天，是一分钟。

有这样一家公司，它比其他任何公司都能更快地做出更好的决策，它可能是世界上最聪明的组织。当其他公司还纠结于一个决策的时候，无线 T 恤（Threadless）公司已经做了成千上万个决策，而且眉头都不皱一下，更不会急得满头大汗。

这家公司从各个标准来看，都是一家具有开拓精神的新兴服装公司。艺术专业出身的杰克·尼克尔和雅各布·德哈特在一次 T 恤设计大赛中获得灵感，投资了 1 000 美元作为种子基金，创办了无线 T 恤公司。他们伟大的创意是什么？那就是每个人都可以贡献 T 恤的设计，然后，大家一起投票选出最喜欢的设计款式。票选胜出的前十名以限量的方式每周进行一次生产，收益会返还给设计者。这样做的结果是创造了一种新的商业模式——一个活生生的、有无限发展潜力的由顾客引领的市场。

如果你说："可这只是一家制造 T 恤的公司而已。"那就需要再想想了。无线 T 恤所做的事情对你来说是很重要的，该公司使用的全新的 T 恤生产方式所产生的收益和增长是其所在行业的其他公司无法企及的。昨日巨头（如 Gap、Tommy Hilfiger、诺帝卡等）在过去的十年里苦苦挣扎，正在慢慢地走向衰落，无法逆转。如果十年前你为 Gap 投资了 1 000 美元，现在只剩下 700 美元。而如果你像杰克和雅各布一样投资无线 T 恤，现在你获得的回报，据我估计应该能达到 1 亿美元。这个企业跳跃着向前迈进，目前的销售收益已经处于行业领先地位。虽然还需要一段时间，但无线 T 恤超越对手、抢夺其市场将是必然的。

无线 T 恤在建设型优势的第二类来源方面（响应性）已经占据世界领先的位置。该公司是全球反应最迅速的企业，这是毫无疑问的，因为应对变化已经成为公司毫不费力的自然反应。如果笑脸猫是这个月的流行款，那么无线 T 恤就会立刻生产出来；如果忍者是下个月的流行款，无线 T 恤也会迅速做出反应。2009 年，狼的图案风靡 T 恤产业（如果你不相信，请问一下你身边赶时髦的小青年）。Gap 可能会在流行趋势已经形成的时候才开始生产，但无线 T 恤早在流行之前就已经嗅到了气息，而这又将有助于公司推动某种流行趋势的产生。

就像过去几年里动作缓慢的服装巨头一样，大多数公司满怀迟疑、脚步沉重，无法对变化做出反应，因为做出准确的决策是需要耗费大量时间和努力的。很多公司无论聘请多少著名的咨询专家、投入多少时间和资源也不能做出准确的决策。想想 Gap，十年来的衰落就是因为无法做出及时、准确的预测，无法判断出人们到底想要什么。结果呢？不温不火的设计遭到专家的批评，从前忠诚的顾客也渐渐远去，今天的年轻人对其产品根本不买账。这样看来，也许 Gap 的股价在过去十年下跌 50％也不那么令人吃惊了，这反映了企业的停滞不前。

损耗优势来自比竞争对手获得更高的建设型效率，而响应性建立在一种新型经济基础之上——比对手具有更多的灵活性。

传统商业模式关注的是运营的灵活性。如果在工厂、人力、原材料都一样的条件下，我们能否选择生产剃须刀而不是牙膏？我们能否选择生产文字处理软件而不是打字机？我们能否选择生产电动汽车而不是消耗量大的燃油汽车？一种机器，如果能让我们在一眨眼的工夫里就生产出任何想要的产品，那么它就在运营方面最大限度地实现了灵活性。今天，在中国福建最大的服装批发市场——石狮服装城，有 4 000 多个供应商愿意与你达成交易。这只是冰山一角，还有很多类似的市场可以提供货源，如红秀服装城（音译）、中国服装城、华南服装城，它们都在广东省附近。那么这些商家能否做到随时提供最新款式的服装呢？其实我们只是在谈论更具运营灵活性的商品化的缩影而已。

战略灵活性关注的是，在卖给谁、卖向哪里以及怎么卖几个方面实现多样化。在一个公司里，我们能选用任何一种适合的商业模式在眨眼间把产品卖出去，这种机制就实现了最大的战略灵活性。当 Gap 打造旗下的香蕉共和国和老海军品牌时，就是希望实现这一目的：开创新的服装营销、分销和销售模式。Gap 长久以来的问题就出在战略灵活性方面，因为过快地进出市场意味着对任何对象都难以实现持续的、有意义的影响。

管理灵活性是适用 21 世纪的新型经营模式。这种能力不在于比对手生产了更好的产品、提供了更好的服务、有更好的商业模式或者有更快的战略，而在于比对手更快地做出决策。在竞争对手、买家、供应商和顾客都一样的情况下，我们能否确定订购比实际交易更有价值？我们能否确定电动汽车比燃油汽车更好？我们能否确定六层刀片是否比另一种全新的剃须方法更值得尝试？我们能否确定在 T 恤上印狗比印猫销售得更好？如果我们能够做出这些决定，决策过程是否已经足够迅速、一致、准确？

这是一场考验智慧而不是体力的比赛，无线 T 恤显然颇有实力。想象一下，在这样的公司里，我们可以在眨眼间做出任何决策。无论决策多么艰难、复杂、高风险，我们都能够快速、准确地做出决策，我们就获得了管理方面的最大灵活性。从事服装生意的无线 T 恤正在朝这一目标逐渐靠近，进步惊人。与竞争对手相比，无线 T 恤能更加准确地判断生产什么，因为消费者的投票活动能在第一时间显示出市场的偏好。由于受消费者欢迎的款式被集中化（投票的票数会被仔细统计、排名），无线 T 恤能轻松地获知投入生产的最佳选择。通过顾客的参与，管理决策的成本被大大降低，趋近于零：不必开会，不必有那么多负责人，也没有工作日志。相反，其他任何一家公司，做新决策的成本都是无线 T 恤的几倍，完全不在一个数量级上。

"好的决策速度更快。"说这句话的时候请把语速加快十倍，因为这就是无线 T 恤的成功秘诀。Gap、Tommy Hilfiger、诺帝卡互相仿效，而石狮、红秀、华南服装城热火朝天地追捧、模仿这些企业。下一步，就是全体进入打折的煎熬之中。如果每个企业都有能力同时生产、营销、销售上百亿美元价值的牛仔裤、袜子、T 恤，那么问题就变成：什么是最值得生产的？竞争者们努力奋斗、你争我夺、不停地相互模仿，因为对它们来说，做决策的过程昂贵、艰难、复杂。但对无线 T 恤来说，做出自己都想象不出的方案是如此简单，而且是顾客喜欢的方案。

看看厚价值的产生：无线 T 恤夜以继日地不断推出新款 T

恤，而 Gap 每一季总是费力不讨好地生产出一些毫无新意的产品。响应性激发了创新能力。在无线 T 恤公司，新颖的、优秀的方案都不是在季度会议上做出的，而永远都是在第一时间产生的。杰克·尼克尔解释说："投票机制就是帮助我们判断生产什么——我们不可能什么都做，因此需要选择最好的！"关键就是"最好的"。无线 T 恤在寻找一种有效的途径来预测最好的、最有创意的 T 恤是什么样子的。

虽然看上去复杂、混乱，但无线 T 恤是一架运转良好、打磨精细的机器。投票机制的长期稳定运行，将从上到下的决策机制带来的麻烦和无序一扫而光：设计者交上新的创意，顾客点赞，无线 T 恤公司统计票数，然后生产车间的机器就开始转动。

当一家企业具备了响应性，产品、服务、商业模式及战略方面的创新都会自动发生。练好高尔夫球的某种挥杆动作需要很长时间，可是，如果当你看到老虎伍兹用 9 号杆击球一次，这个完美的动作就会成为你条件反射一样的动作，会怎么样？这就是创新和响应性的区别。无线 T 恤的创新性并不体现在能制造不同款式的 T 恤上，而在于其能做出生产更加上乘的产品的决策。

那么，该如何实现管理灵活性从而使企业具备响应性呢？

是该见见无线 T 恤家族的成员们了。其实，无线 T 恤只是一个庞大的、充满生机的大家族中一个小兄弟而已。今天，很多有民主氛围的企业都在思考如何从下往上做决策。

从价值主张到价值对话

　　响应性是如何产生的？20 世纪的企业建立在价值主张的基础上，但 21 世纪的企业则基于一种新的机制：价值对话。21世纪的组织管理不应采取从内到外、从上到下传达指令的严肃方式，而应采取从外向内、从下往上的对话方式。通过大量的民主决策，建设型企业能够以最大的灵活性来分配资源。

　　市场分配资源应该通过股东的民主决策，但工业经济的民主机制却是最薄弱的，这实际上无异于对真正民主的讽刺。每位股东都有投票权，但谁都没有发言权。比如，在美国，股东无法提名董事会成员，除非其拥有 2% 以上的流通股。

　　股东民主由于软弱无力，很快就会被铁腕的管理集权所取代。一旦由会议室里的人们做市场决策，民主的空间就所剩无几了。如果把公司看成国家，那么它采用的就是独裁式的中央计划经济。因此，在全球化的开放环境中，死气沉沉、僵化和资源的不合理配置会把实施中央计划经济的国家拖垮，公司也是一样。正如《维基经济学》和 *Blur* 杂志所指出的，在变化随时发生的世界，起管控作用的董事会天然缺乏响应性，其管理触角难以延伸到四面八方。原因何在？因为对传统经济的组织形式（如直线职能制或矩阵式管理架构）来说，决策成本是高昂的。可以把我们熟知的管理模式看成是一条生产线：每个决策都要经历一次线性的流程，由各级领导把控。

而建设型企业则采用民主决策。关键来了：真正的民主具有求知性。民主并不发生在资本市场，也不发生在会议室里。它不仅是指投票，也不是说组织的每个决策都应该由大众粗暴地做出，像那些对柏拉图式民主持反对立场的学者，如哈佛政治学教授阿肯·冯或者诺贝尔经济学奖得主埃莉诺·奥斯特罗姆和肯尼斯·阿罗所形容的，每一个决策都被乌合之众所控制。真正的民主关于四个方面：参与、慎重、联系、异议，这是作为价值对话核心的四种自由。21世纪的组织具有民主性，人们有参与的自由，有慎重思考的自由，有与同伴联系的自由，同时可以自由地与持不同意见的管理者、顾客、社区，甚至竞争对手展开对话，讨论什么是真正有价值的以及厚价值是什么。

参与，意味着受到管理决策影响的各方有权利参与其中。慎重，意味着参与者能够理性思考，拥有独特的角度和价值观，而不仅仅是投票。联系，意味着允许思考的公共空间不受限制。最后，允许不同意见是实现真正的、有意义的商议自由的唯一途径。将四者统一在一起，制定决策的灵活度就会有惊人的增长。

参　与

什么人愿意参与公司的决策？在传统经济的管制下，只有股东能够有此权利，因为他们掌握股份。然而，股权一词有两个相互交叉的含义：一方面在一连串的收益中获取相应份额，另一方面做出决策从而影响自己的收益。

建设型商业的改革者将股份制进行深化，因此更强调"股权"的第二层含义。他们发现，当董事会把决策权下放给更多人而不仅限于股东之手时，企业的响应性会好转——而且只需要投票这么简单就能做到这一点。

在无线 T 恤公司这里，每个人都可以登录网站浏览各种 T 恤款式，点击参与评选。我妹妹已经参与过 10 多次了。正如杰克·尼克尔所说："我们若说自己知道什么样的 T 恤是最好的，未免狂妄。如果想让一个社群帮助我们完成这项工作，就需要大家相互尊重并能共同完成决策。投票就是一种简单有效的办法。"

当然，对大多数传统企业来说，对社群放权就意味着剥夺了领导层的权力。因此，这种响应性模式在新兴企业更容易操作，因为不会出现中层管理者为了维护自身利益而出来阻挠的情况。这就难怪另一家新兴的具有响应性特征的企业 Jelli 公司（一个社群广播平台）宣称要颠覆广播业的经营方式。20 世纪 90 年代到 21 世纪的前十年，广播业已经成了自说自话的产业——听众对广播内容没兴趣，对广告商来说越来越没有价值，而对股东来讲利润堪忧。原因是什么？近年来诸多的贿赂丑闻证明，广播上播放的内容大多是听众不想听的，真正满足的是唱片公司的利益。这就导致了对整个行业价值平衡的破坏，接踵而来的是破产、重组和兼并。

如果你能掌控手机中最喜欢的当地广播电台的节目会怎样？这就是来自加州圣马特奥市的 Jelli 公司想要做的。该公司成立于 2009 年，两位创始人迈克尔·道赫蒂和雅腾·帕里克都是创业的老手（帕里克曾经是亚马逊 Kindle 事业部的第一批员工）。用两位创始人的话来说："Jelli 是一家民主型的广播电台，将电波交付到了听众的手上。"

Jelli 正在打造一个极具变革力的建设型广播市场，听众、唱片公司和广播公司都能获益。很多广播电台倒闭，是因为比起通过为唱片公司打榜换取补偿支付，得知听众真正想听什么的成本更高。Jelli 承诺通过将广播内容民主化来改革广播业。实际上，从波士顿到锡拉丘兹，再到费城，很多广播电台已经开始和该公司展开合作。

这种方法是好是坏？通过 Jelli 的服务，你或者任何其他人都可以通过网络浏览器即时投票选出本地电台的节目内容。道赫蒂说："Jelli 给个人和社群以巨大权力，他们能通过网络即时、持续地控制传统广播的节目内容。"Jelli 这种权力下放的广播电台已经获得了管理的灵活性——以更快的速度做出更好的决策。在一个巨大的选择范围里，Jelli 集中了几乎所有听众的意见，人们最想听什么节目一下子就清晰可见。最后，响应性就这样形成：把决定权交给听众的 Jelli 公司可以毫不费力地针对大家的喜好做出迅速调整。

对广告商而言，价值主张也同样具有颠覆性。由于 Jelli 能给人们提供更好的音乐，该公司从失去的市场中又赢回了大量的听众；同时，公司还对当地市场的收听历史和偏好了如指掌。Jelli 把网络和当地广播电台更紧密地联系在一起，这就迫使广告商提供更好的广告创意并更有针对性地满足客户。

Jelli 是一家具有开创性的小型创业公司，而无线 T 恤则是发展迅速的中等规模企业。此外，还有一家行进缓慢的巨型公司也在努力转型，尝试变得更加具有响应性。Walkers 是百事可乐旗下菲多利公司的一个零食品牌，主要生产薯片。最近，公司决定重新思考薯片生产的决策问题。薯片行业竞争激烈，公司在薯片口味的选择方面抢夺市场。为了赢得薯片爱好者的支持，各大公司都在花巨资来研发新口味，而产品的寿命也呈现日趋缩短的态势。Walkers 迈出的第一步：任何人都能通过公司官网来贡献自己的薯片新口味配方。人们一下子就提供了120 万种新口味。第二步：公司选择六种最可能受到欢迎的配方投入生产，并以少量的试吃样品回馈参与公司活动的大众。之后大家就能吃到新口味的薯片。第三步：人们投票选出最喜欢的口味，而这些产品将进入大规模生产。

投票选出的六种口味是不可能由董事会想出来的——如炸鱼口味、辣酱巧克力口味、卡津口味等。Walkers 没有按常规方法让焦点小组去研究、判断哪种口味最有前景，而是由公司自己承担这项责任，让公众参与推动生产。这样做的结果就是响应性的初步实现：就像无线 T 恤一样，Walkers 让知识从外向内流动并起决定作用，重整了决策过程。Walkers 参与行业竞争所使用的策略是一次性的，问题在于：未来的 Walkers 是否也能和无线 T 恤一样，让民主决策成为常态，从而使薯条口味的创新能自动出现、毫不费力，还能有效地满足需求？如果企业的经济效益能够达到无线 T 恤的水平，那么 Walkers 会被自己对这一问题的回答震惊，全球其他零食品牌也一样。

公众参与企业决策是走向民主最简单的一步。事实上，唯一阻拦参与性决策制定的只有理念。在人们广泛联结的新时代，投票机制的成本是极低的，任何企业都无法忽视这种手段，其产生的利润也是巨大的。

自由参与的一般原则是：可能受到企业行为影响的所有人都有权参与到企业决策之中，受影响最大的人应得到最大的重视。只有让受影响最大的人参与其中，企业才能发现、监控、积累可靠的、稳定的、迅捷的信息，从而采取行动，创造真正的价值。

慎　重

一旦人们有了参与的权利之后，会发生什么？他们所参与的又是什么？投票只是民主活动中最粗浅的一种，其基础是最薄弱的对话，因为选票背后的声音受到了限制。在无线 T 恤和 Walkers 的投票活动很粗浅，因为它把很多知识和信息压缩到了一张选票上，而没有显示人们选择某种特征或有某种偏好的原因，没有帮助人们搞清不同角度的差异在哪里。

深层的民主建立在慎重思考的基础上：那是一种深思熟虑的对话，利益冲突的双方在细节上进行商讨、权衡。慎重思考比简单的投票要更深入，涉及更多的信息和知识，能让参与者敞开心扉、详细地介绍不同投票选择背后理念的不同视角和分歧所在。

先让我们看看慎重思考的自由不是什么：它不是报纸、杂志或网络博客上那些匿名的评论。这类评论充斥着太多无效信息，是一种语言暴力，不必负责任。这类沟通不是古希腊式的论坛，而是狂野西部的聚会。而思想自由需要有方向性，并且温和适度。

以星巴克为例。传统商业模式让星巴克渐入迷途，创立了过多的连锁店，拓展了太广阔的市场，从而最终稀释了产品的价值。但是 21 世纪的经营理念逐渐帮助这家企业从错误的发展方向上扭转回来，其中最重要的一点就是价值对话。在 2008 年建立的网站 mystarbucksidea.com 上，每个人都能通过提供新点子或票选别人的点子而参与到公司的决策中来。星巴克以这种方式鼓励讨论、创造环境、拥抱新的可能性，同时评判这些新颖的创意，控制讨论的严肃性，避免出现不负责任的言论。慎重思考比简单的投票更深入，在 mystarbucksidea.com 上，各种冲突的观点得到分享、解释，并详细地得到讨论。

关键在于，mystarbucksidea.com 将打开星巴克的改革之门，事实上，这已经成为该公司改革的一部分：网站使公司具有了更高的管理灵活度，通过做出更好的管理决策大大降低了经营成本。mystarbucksidea.com 已经让星巴克比对手具有了更好的响应性。只在一年之内，经过对七万多条创意的筛选，星巴克把其中的 94 条变成现实：包括把搅拌棒放置在咖啡杯盖上，为会员办 VIP 卡，开发 VIA 速溶咖啡等。搅拌棒的主意后来进展得不大好，但 VIA 速溶咖啡的创意受到热捧。星巴克正在全球推广该产品，预计该创意将产生 10 亿美元以上的销售额。VIA 速溶咖啡的创意就是要开创一种新的产品类型：注重速度的初级咖啡产品。这就是厚价值，对利益各方都有好处：顾客得到了他们认为重要的东西，而星巴克几乎以零成本得到了价值 10 亿美元的创意。（不知星巴克会怎样给这些公司之外的创新员工分配股权呢？）

只关注创意本身成功还是失败不是问题的关键，星巴克真正的优势在于能不断地、不费力地产生更好的创意。像 VIA 速溶咖啡那样能为公司带来上亿美元收入的创意只占少数，很多创意最终并没有成功，但是通过参与者激烈的讨论、思想碰撞，星巴克能够更迅速地判断哪些创意是能被采纳的金点子，哪些不是——如果有的想法不成熟，会被更好、更新的想法取代。星巴克发现，思想民主是 21 世纪商业模式的基石，使决策更灵活。顾客的创意很可能为你带来下一个上亿美元的奇迹，因为这正是顾客最需要的——厚价值由此产生。

联　系

在国王的王宫里，通常都是国王下达指令、群臣俯首聆听。在董事会的会议室和交易大厅也是一样，因此这种所谓的"集体思考"的结果只是一个接一个的错误决定。真正的民主需要大众参与和思考，也需要在保证共同利益的前提下，使讨论不受限制、自由不受侵犯。公共空间的设立就是为了给人们提供这样的思考自由，使参与者不会担心被管理者或者其他参与者惩罚、报复。正如慎重思考可以深化投票行为，公共空间也会产生最自由的对话。

世界上最有联系性的组织是什么？维基百科可能是一个。大部分出版商要花费几个月的时间做创意决策。但是，像无线 T 恤一样，维基百科每天哼着小曲就以秒计的速度做出无数决策，用更快的速度做出了更好的决策。在无线 T 恤，灵活的决策产生于投票，但维基百科的成功在于深入的慎重思考：提供信息的人们、编辑和管理者一直在不停地争论。哪怕只提供了一个新词、一个新句子，大家也要花大力气详细地讨论一番。这样做的结果是不是就改善了已有的信息呢？这些人最终是否能代表一种不偏不倚的理性态度呢？他们是否增加了新的知识、信息或解释呢？这些问题在慎重思考中被具体化，最终被解决，所有人都能参与，所有人也都随时可以退出。

是什么让思想自由在维基百科大放异彩？这是因为人们获得了联系的自由。在维基百科，任何人都能成为信息贡献者、编辑和管理者——每个人都能和其他信息贡献者、编辑和管理者联系。这就建立了一个巨大的公共空间，为自由的思想提供集中对话的可能。世界上从来没有一家公司是这样运营的，这也是为什么没有哪家公司能够创造像维基百科那样的事物。

维基百科是个完全透明的组织：所有评论、提问，甚至被删除的信息都记录在案，成为以后的文献参考和历史证据。每个人都不仅能浏览到几乎所有的编辑、输入记录，还能参与人们的讨论和协商。这样的透明度为组织建立了良好的信誉，吸引了更多志愿者加入。虽然有老牌权威发声，指责维基百科是一个充满错误的垃圾场，但是《自然》杂志——这可能算是世界上顶级的科学期刊——却发现维基百科的正确性与英国大不列颠百科全书不相上下。维基百科的经营方式可以这样概括：
"通过公开、自由的讨论，您能与我们以及所有的编辑和管理者
交流联系。"

有人会说，维基百科不就是一种网络上的社会主义嘛！可
大多数企业根本无法做到百分之百的透明，也没有如此充分的
交流环境，不是吗？再想想，世界上有一种最具透明度的产
业——食物，下面就是在这个行业中实现联系性的例子。

网站 findthefarmer. com 由面粉公司 Stone-Buhr 发起，并
受到新闻学教授和美食评论家麦克·波伦的启发，人们购买面
粉的同时，可以通过网站寻找、了解并联系生产面粉的家庭农
场。findthefarmer. com 让每个人都能追踪刚刚购买的这袋面粉
的生产过程。他们可以在网上和农场主取得联系，了解这个家
庭农场已经经营了多久，为什么一直经营农场以及是如何经营
的，还能看到农场工作的视频。联系性就这样被带到了现实：
Stone-Buhr 给大家提供了一种交流工具，并积极鼓励消费者和
农场主交流。

Stone-Buhr 若想像维基百科一样成功并对整个行业产生革
命性的影响，还需要时间。但我们需要强调的是，它为什么可
能成功。联系的自由使公司成为一家有响应力的食品企业，消
费者就像在和身边的农民交流一样。Stone-Buhr 在有力地向大
家证明：公司没有什么要隐藏的，所有信息都是公开的，人们
通过和农民交流联系，可以得知供应链卫生，产品对家人健康
有益、绿色环保。如果产品或服务有什么问题，消费者也能帮
助公司发现并解决。这种经营模式和 Big Food 公司所宣传的透

明供应链有着巨大的不同。在 Big Food，消费者不能慎重考虑、投票或者跟产品生产者产生联系。与响应性相比，公司更注重如何加强市场营销，这就是薄价值。相反，Stone-Buhr 建立的是 21 世纪的新型商业模式：客户和农民联系得越频繁，公司得到的信息越准确，就越能做出决策来为双方创造价值，并且企业能继续保持供应链的健康和产品的环保，这就是厚价值。

findthefarmer.com、维基百科以及 mystarbucksidea.com 共同的原则就是，抓住重点——公共空间。在公共空间中，语言不受限制，也不受管理命令的阻挠，人们能够自由地慎重思考和联系。想象一下，一个组织的利益相关者都彼此联系、共同思考、共同讨论，将会创造出怎样的经济体。这就是 21 世纪以深层民主为基础的企业，未来全部经济体可能也会以此为基础。

异 议

民主还体现为持不同意见的自由，参与者在很大程度上有权对企业的性质、特点、产品、服务甚至整个行业表达反对意见。是的，他们有否决的权利：否定企业的性质、特点、产品、服务，甚至整个行业。

否决权不在于抵制购买某种产品或服务，而是能阻止某种产品或服务的形成：否决产品或服务背后的决策，这样资源就不会被浪费，而是分配到最能产生有价值的产出的方面，从而创造厚价值。这就是有效对话的显著特征。很多组织都越来越愿意接受公众参与和自由讨论，但是很少涉及否决权的使用，这仍然是一块未知的领域。

民主制中的否决权能够产生巨大的经济回报。在当下的民主性质的活动中，很少赋予参与者否决权，但是我认为否决权在未来应得到更好的运用。先让我们看看现在的情况。消费者用钱包来投票。投资者一旦发现企业发展减缓，就会卖空股份表达其对管理的不满，从而破坏股东价值。如果依赖于市场的反对信号，就意味着否决的成本将以付出千万美元以上为代价。其实还有更好的解决办法：给予公众参与者一定的权利来"适当地"反对管理决策——对那些无法为消费者带来益处的产品说"不"。这种机制在经济上十分有效：将上千万美元的损失减至上百万甚至几万美元。

否决权在四种自由类型中看上去像是最激进的。当今世界有没有一家公司能够赋予参与者这样持反对意见的权利呢？比如阻止某种产品或服务的生产、营销或者销售。事实上，这是随处可见的。比如，无线 T 恤就允许参加票选的人们直接提出反对意见或拥有否决的权利。

还有更极端的例子。通常，强大、发达国家的购买方帮助弱小、发展中国家的供应商做决定，告诉供应商他们需要的产品，比如，新建住宅、公路、制服等。公平贸易政策为强大的零售商（如星巴克）与相对弱小的生产商（如咖啡种植者）之间创造了可协商的溢价空间。生产者能够以民主的方式决定如何使用得到的溢价收入，比如，他们想建更好的学校、公路、医院，或共同享有的资本设备等。在公平贸易政策下，较弱的一方有权提出异议。例如，咖啡生产商作为一个民主联盟，可以向那些对自己无益的投资提出异议。那些贫穷的供应商可以说："别为我们建公路或者住房。我们想用这笔钱办学校，因为我们更需要学校。"通过发表不同意见，生产商掌控了自己的命运，最终也掌控了像星巴克这样强大的零售商。公平贸易政策让生产商得以行使否决权，阻止了从前那些不合乎伦理诉求的、挤压生产商的管理决策的出现。

有关提出异议的最典型的例子，发生在看上去最不像改革先锋的沃尔玛公司。沃尔玛的价值循环建立在 14 个网络体系之上，分管公司不同方面的持续性，包括学术团体、智库、NGO组织以及广泛的利益相关者群体。对可持续性的决策问题，措施、标准和目标都不是沃尔玛公司单方做出的，而是由股东集体投票选出的，他们有权否决公司所做出的某些选择。比如之前我们介绍到，为了保证海洋捕捞的可持续性，沃尔玛将海洋管理委员会的标准纳入公司的海产品网络体系之中。由海洋管理委员会而不是沃尔玛来决定可持续性捕鱼运行的具体措施和方法，这个组织有权对位于本顿维尔的董事会说不，这样才能阻止薄价值，促进厚价值的生成。

从前有哪个企业会想到，21 世纪最强有力的也是最令人畏惧的组织，会是一个赋予环保主义者否决权的企业？但沃尔玛认识到了让消费者提出异议的重要性，因为这样做突破了企业决策的壁垒，迫使企业做出新的决策，为利益各方创造真正的价值。允许公众说不，这些反对意见就能让企业重新思考、扩大决策的可能性。允许生产商说不，公平交易政策就迫使经销商和零售商从长远的、更有利投资的角度来做决策，比如帮助建造医院而不是购买笨重的机器设备。

总　结

聪明的人们，欢迎来到新商业文明。未来的商业模式不再困于一手遮天、发号施令的集权统治，而是倾向于越发深入的民主，因为只有民主才能让精神涣散的组织具备爆发力的响应性。简言之，和大众的对话代替了以产品为中心的价值主张。

你所在公司的民主程度如何？请快速检查一下：

· 公众、社区、社会是否能够参与到决策中来？那些受公司决策影响最大的人们是否被鼓励，至少被提醒最大限度地参与到公司决策中来？还是情况相反？

· 在民主决策的条件下，参与者的想法是否经过了慎重考虑？参与者是否能从矛盾的、冲突的角度探索和讨论，以明晰利弊？是否会监管、控制问题的讨论，从而阻止不负责任的言论？说出自己的意见是否比简单的投票更重要？

· 人们能否在公共空间自由联系？这些空间是否真正具备联系性？身份透明、历史追溯等开放功能是否带来信任与友好？公司是否参与到联系沟通之中，或者只是个旁观者？

- 你所建立的公共空间中，所有的人或者团体是否有说不的权利？否决权是在一定程度上得以实现还是被坚定不移地执行？在多大程度上，否决权会影响公司的决策？

- 哪些决策是民主地做出的？比如，关于投入、产出、物流、定价、客户服务的决策是民主做出的吗？你会赋予公众、社区、社会一定的权利发出声音，还是屏蔽这种声音？

Resilience

From Strategy
to Philosphy

4

弹性：从战略到哲学

Resilience

From Strategy to Philosophy

　　当你熟悉了价值对话的商业模式时，你的企业就变成了一辆具有响应性、运转良好的超级跑车。成为建设型企业的下一步就需要使企业具有弹性——利用价值对话和价值循环来获得发展优势。弹性的产生，依赖于创建一种哲学，它强调价值创造这一基本原则，而不是以价值攫取为目的的战略规划。

　　计算机系的两个书呆子怎么能在短短的十年里，就建立了世界上最具标志性的品牌、最有影响力的媒体公司，同时还可能是世界上最有创新性的企业呢？谷歌的秘诀在于：拉里·佩奇和谢尔盖·布林最伟大的创新不在于更高的科技水平，而是更强大的发展模式。

　　从前，"解放阵线"运动兴起，打出的口号是将人们从政治压迫中解放出来。而今天，类似的解放运动要照亮企业园区——将人们从战略经济的压迫中解放出来。2009 年，谷歌成立了这样一支团队，叫"数据解放阵线"，我没有骗你！

数据解放阵线的目标是极客们梦想的"数据便携功能"——无论使用什么软件，你都可以打开你的数据，甚至可以在竞争对手开发的应用中使用。你想把文件从谷歌文件转换成 Word 文档吗？数据解放阵线不仅能完成任务，而且让这个过程十分简单。想把这本新电子书从 Word 文档转换成谷歌文件吗？抱歉，这次你没那么好运，因为微软公司没有数据解放阵线。由于历史原因，微软公司的目标是限制用户自由，而不是解放他们，想转换文件的人要失望了。那么到底哪里出了问题？看来哪里都是问题。

听一下数据解放阵线的创建者和管理者布莱恩·菲茨帕特里克的解释：

> 如果我们限制用户自由，很可能我们就失去了创新和制造更好产品的紧迫感。那还有什么能吸引用户不停地回来使用搜索引擎？难道只是因为他们跟我们签了两年的合同？绝不会！人们一直使用我们的产品，是因为我们最大限度地满足了他们的需要。我们有专门的工程师团队，只负责改善搜索引擎，所以用户体验越来越好。
>
> 你可以把这看成一种新型的"自由限制"：我们通过创新留住用户。过去的经营模式倾向于控制用户的行为模式或设置障碍，如飞行里程积分活动，这无异于绑架了消费者。
>
> 可以打个比方来形容我们的思维方式。假如我在

一个房间里，我愿意留在房间里不是因为窗户和门都被封上了，而是因为我能享受舒服的座椅和等离子电视。封闭的系统会逐渐变得懒散、傲慢。在门窗都上锁的房间里，不需要座椅和电视——事实上，我们会把座椅和电视带到另一间屋子，吸引人们进去。

数据解放并不是纯粹的利他主义，数据解放能够产生好的商业环境，因为这会推动长期、可持续的增长。

谷歌 CEO 埃里克·施密特一再重申企业的经营原则："我们不会限制用户自由"，于是菲茨帕特里克受到鼓舞创建了"数据解放阵线"团队。当菲茨帕特里克将自己的想法汇报给施密特时，对方说："为什么我们之前没有这样做！"菲茨帕特里克说："这就是谷歌经营原则下合乎逻辑的、切实的下一步发展计划。"执行者就是这样把企业原则从理念层面付诸实际行动的。

菲茨帕特里克最重要的一条经验是："在别人挑战你并开始行动之前，突破自己。很多人都在说，会有后起之秀赶超谷歌，而我们认为赶超谷歌的就是谷歌自己。"这就是一个有弹性企业的活力所在。

数据解放阵线的理念看似违背直觉，但却是谷歌保持发展优势的生命根基。关于谷歌实验方法的书籍和文章不计其数：快速、频繁、持续的"水桶测试"——在基本特征上不断做出微调，比较性能优劣，直至形成最佳产品或服务。作为开创者的数据解放阵线在此基础上更深一步：团队为企业带来发展创新的压力，迫使企业不断实验。

让我来做个类比。崇尚保护主义的国家很少能产生具有全球竞争力的行业和公司。公司、领域、行业无法面对强烈的冲击，因为其竞争力被扼杀了。因此，为了保证自由交换，国家之间通过频繁的外交活动拟定贸易协定。我们能够以这种方法发展全球经济，经营公司的方法有所不同，但道理却是一样的：公司实行保护主义，就不会产生更好的产品、服务和商业模式，因为刺激公司保持优势的力量不在了。

因此，数据解放阵线就相当于国际贸易协定。事实上，其宗旨就是"保证自由交换——你可以随身把文件带到任何地方"。就像任何国际贸易协定一样，这是一种变革性压力的放大器，是推动谷歌向前发展的齿轮之一，使公司能不断得到刺激从而提供最好的服务。正因为它的存在，作为用户的你才有权利说："听着，这东西完全是个失败。我想把我的文件转成Word文档了。"——这样，用户就为谷歌带来压力，公司就会不断完善从而进步。但是，如果用户希望用谷歌文件保存电子书——可能真的比微软的文件更好用——那么公司就创造了厚价值。相反，由于微软公司一直在用不公平交换的办法困住用户，公司创造更新、更好的产品的可能性就会大大降低：如果你被微软一系列知识产权的限制绑架（该公司不想参与对手的竞争），那就陷入了保护主义之中。逼迫公司进步的力量没有了，将薄价值变成厚价值的动力也消失了。

因此，谷歌成功的秘诀并不在其大力宣传的实验性，而在于实验能够产生的原因：谷歌一直致力于自由、公平的交换。这就意味着，如果一个东西做得不好、没有需求、用户拒绝使用，那么这个产品就是失败的。新的产品、功能或特征需要填补它的位置。将这个过程加速运转，循环 1 000 次，你就获得了迅速、稳定的实验方法。最终，公司弹性将会产生：比对手更稳定、更快速地生产更好的产品，同时创造多得多的价值。

把弹性运用到企业发展之中，神奇之处并不在于数据、假设或测试。在决定弹性的各种因素中，公正性比实验方法重要。正如人类生命对空气的依赖，自由、公正的交换是产生变革性优势的必要条件。相反，保护主义的代价、不公正优势背后的成本将不会带来如此优秀的产品；不适者生存的法则绝无法和适者生存的法则同日而语。

让我们看看谷歌的经营方式和 Big Food 有何不同。如果新产品卖得不好，Big Food 首先想到的就是拼命地加强市场营销，在短期内提高销售额。如果出现新的产品类型，Big Food 会买断零售商以阻止分销。如果有新的零售商出现，公司就迅速封锁黄金地段，不给对手进入的机会。Big Food 的所有措施都在控制自由与公平的交换。由于其本能反应就是保护昔日的经营方式，所以虽然公司没有完全破产，但已完全无法创造出更好的产品。这种产生薄价值的薯条还值得要吗？

换句话说，Big Food 关注的是价值攫取：在农场主、顾客身上获取价值。如你所料，社会也难逃厄运，Big Food 牺牲整个社会利益换取利润。弹性则恰好相反：这是一种能比对手创造出更多厚价值的能力。

每种类型的进步都需要选择。生物学家谈的是自然选择，社会学家谈的是社会选择。经济进步需要竞争性选择，顾客、买方、供货方都必须能自由、公平地在一家公司和它的竞争对手之间做选择。自由、公平的交换是进步的根基，因为这推动了竞争性选择。

有这样一个问题。当某个组织像 Big Food 一样让价值攫取凌驾于价值创造之上，"竞争"就不是竞争了。这样做的结果就成了我所称的"经济冲突"：通过威胁、恐吓甚至纯粹的暴力手段对自由、公平交易进行限制和阻碍。在很多行业中，建立一套强制性的反竞争举措也是商业活动的一部分。为了实现"适者生存"，参与竞争的企业努力寻求传统的竞争优势，通过强迫对手退出的方式限制竞争。这些企业付出的代价就是，再也无法创造出更具竞争力的产品、服务和商业模式。

具有弹性的组织是适者生存的典范。这样的企业有能力淘汰糟糕的产品，比对手更快地创造出更好的产品。弹性企业不会保护昔日没有竞争力的商业模式、产品和服务，而是让产品、服务和整个商业模式沉浸到自由与公平的交换中，从而产生更大的竞争力。企业的推动力是竞争性选择。像谷歌一样，通过比对手更快、更多地获得发展，从而在最残酷的竞争中生存下来。

让我们再次回到微软的例子。它的 Word、Excel 产品的文字处理功能在近十年内几乎停滞不前。Windows 系统已经颓败不堪，许多用户拒绝更新到 Vista，这对公司来说是一场成本高昂的灾难。发展停滞是微软保护主义的真正代价，是其片面关注适者生存的代价，是把价值攫取凌驾于价值制造之上的代价。谷歌和微软是完全不同的：谷歌永远都在接受挑战、在变化、在创造。从前，谷歌只是局限于搜索引擎。而今，你可以通过谷歌图书搜索引擎找到近 100 年来几乎每本书的全文；通过 Gmail 接收大量的邮件；通过谷歌文件和电子表格软件来处理工作。所有这些功能仍然在进步当中，因为谷歌从不把这些业务限制在搜索引擎业务之下，而是迫使它们发挥自己的优势，数据解放阵线就是例子。那么谷歌的目标是什么？对抗微软公司的产品，以求适者生存。如果照这样的发展态势，谷歌文件和电子表格软件很快会比停滞不前的 Word、Excel 更有竞争力，双方竞争的结果也毫无悬念。

具有弹性的组织通过创造比原来好得多的产品，从而产生更多的厚价值。企业发展的动力来自迅速、稳定、频繁的实验——但是其生命线来自自由、公平的交换。只有当交换出于自愿，组织才能知道一种产品、服务或者商业模式是否创造了薄价值，才能感受到变革的推动力。只有当商品和对手展开自由竞争，人们有自由去选择时，组织才具备了发展与前进的能力——不断地产生较高的厚价值，才能获得发展的优势。

从战略到哲学

使竞争毫无悬念的最佳方法是什么？这个问题困扰了一代又一代的企业家、战略专家和智者。是新的商业模式、新的市场空间、更加强硬的手段，还是更新的知识？答案是：以上都不是。菲茨帕特里克准确地概括了谷歌的精神："在别人挑战你并开始行动之前，先突破自己。"

弹性的准则：突破自己，而不是保护自己。如果可以做到，你就会拥有创造越来越多厚价值的力量，而且速度越来越快。那些仍然在保护传统薄价值的竞争者们，相比之下会显得格外羸弱、渺小。谷歌引人注目的业绩正是因为它做到了这一点：它已经成为最符合达尔文进化论的企业，拥有更快的速度、更稳定的发展——谷歌已成为"刀刃锋利"的具有弹性优势的变革型企业。那么，谷歌自我变革的力量来自哪里？是什么让与数据解放阵线一样的团队得以产生的呢？

是制度的创新——一种哲学。大多数企业都有自己的竞争战略，但很少具备发展的哲学。这二者的区别是什么？它们有着本质的不同。竞争战略要表达的是："无论用什么手段，我们都要让人们买我们的东西。"而哲学要说的是："我们是这样来生产人们需要的产品的，我们会用各种方式满足他们。"竞争战略是用战争的手段参与竞争，把竞争当作打仗：其目标是通过阻止、妨碍甚至消灭竞争对手的方式来限制自由、公平的交换。但当企业具有自己的哲学时，情况就不一样了，竞争不再被视作一场战争。就像谷歌一样，企业掌握了一套新的准则：倡导和平。谷歌公司寻求更自由、更公平的交换，而不是拉下保护主义的铁幕，制造障碍。

哲学就是寻找企业发展的"第一原则"——解释这个世界最基本的原则。组织的行为准则也以此为基础，关注的焦点在于发现、表达并践行企业创造价值这条第一原则——就像谷歌的企业准则一样。企业的基本原则将说明，我们不仅不能阻止竞争对手创造厚价值，而且应该靠自己创造、提高、精进厚价值。当企业明确规定不去阻碍自由、公平交换时，发展之门就会开启，结果就是弹性的产生。

看一看企业发展"第一原则"的例子：谷歌的原则就是"不作恶"。这一原则既阻止了谷歌拦截竞争对手，也放开了交换的自由度。其结果就是谷歌必须不断地实验创新。"不作恶"原则让谷歌远离对广告商和客户的限制，迫使自己开足马力不断改善服务、推陈出新、获得弹性。若是把公司的这个原则修改一下，就是："不作恶让你有更大利润。"

请快速地把这句话重复十遍：第一原则产生淘汰压力。这就是为什么企业要不断地、持久地、频繁地进行实验。只有当企业宣称不通过妨碍竞争对手的方式创造厚价值时，被淘汰的压力才能产生，企业就会感觉到创造更好的产品、服务和商业模式的必要性，从而带来越来越高的厚价值。第一原则通过实践表明："我们不会威胁、强迫、操控您使用我们的服务。您可以自由地转向我们的对手，用行动告诉我们什么是不好的。请按您的意愿来做，因为这才是弹性的原动力，是我们自我革新的助燃剂。"

如何发现、表达并践行价值创造的第一原则？创建企业哲学需要两个阶段，这和伟大的哲学家理解世界的方法一样：理解、整合。

理　解

创建企业哲学的第一步是理解现实。建立组织的哲学，首先需要了解企业中存在的矛盾问题，也就是企业为什么没有创造出自己的厚价值，为什么仅仅以阻止其他竞争对手创造价值为目标。只要你阻止并限制了自由和公平的交换，尤其是针对竞争对手采取行动，无论在哪里、采用了什么方式，你都是在发动战争——"战争"是对 20 世纪商业模式的形象比喻。

这些问题能够帮你判断你在多大程度上陷入了这种经济战争：以下反竞争的基本手段，你采用了哪些？你所依赖的传统优势有哪些？

联盟和卡特尔

造成不公平竞争的最基本方式就是对资源供给的垄断。经典案例就是石油输出国组织欧佩克，这是一个明确地以限制石油输出为目标的卡特尔组织。为什么能源投资几十年来都处于萎缩状态？因为原油价格太高。欧佩克放开市场，于是石油价格下落。当价格太低时，欧佩克控制市场，使价格升高。欧佩克成为永远的获利方，而社会和公众的境遇则每况愈下。市场无法正确地显示能源短缺情况，给出的信号反复无常，于是董事会的决策也总是处于冲突之中。如果依赖于欧佩克不公平的联盟与限额，同意对石油供应进行限制，石油生产者和炼制者都会在创新方面减少投入。其结果就是整个行业完全失去产生更好、更清洁、更便宜的能源的能力，无法向前发展。

价格管制

当价格被管制，市场将无法反映正确的信息。消费者和生产商都无法真正获知不同产品和服务的相对价值，因为价格没有差异。2008 年，生产 LCD 显示屏的三巨头，包括夏普和 LG，承认其价格管制的不当行为。这些企业与消费者的交易是不公正的，对自身也有损害。由于管制了价格，企业无法辨别出哪些 LCD 显示屏产品真正能带来收益。因此，最终企业在 LCD 显示屏行业中的业绩十分糟糕，这也没什么奇怪的。情况总是如此，以不公平的方式参与竞争，其代价就是永远学不会如何参与公平游戏。

操纵投标

当投标被操控，市场会大面积瘫痪，自愿的交换难免变成强制性交易。使用这种手段的大师莫过于安然公司，这家企业最擅长的就是暗箱操作。安然公司通过使用反竞争的计谋和策略，骗取了加州能源系统提供运输能源和解决网络拥堵问题的资金，但实际上安然公司完全没有这方面的计划。利用旧有商业模式的缺陷来攫取利润的安然公司，无法真正建立一个更好的能源产业。

补偿性支付

在很多行业中，回扣和补偿性支付影响着价值链。还记得网络泡沫的那些晦暗日子吗？在那时，投资银行都不择手段地使用了"抬梯子"的策略：以低价为目标客户提供即将上市的 IPO 股票，客户与之达成协议，承诺在上市后购买更多股票以抬高股价。"抬梯子"是一种对双方都有好处的补偿性支付：银行以低价提供超值的股票，优质客户承诺在未来与银行进行更多业务往来。毋庸置疑，交易中的任何一方都没有损失。

同样，几十年来，唱片公司都会给广播电台行贿，人为地打造排行榜榜单，原因就是经销商会为排行榜靠前的歌曲投资。其结果就是，消费者关掉了收音机，不再关注节目，电台里的音乐千篇一律，与听众真正需要的产品完全脱节。

补偿性支付并不仅仅限于投资银行和广播电台。声名狼藉的医药代表时常给医生赠送免费的礼物——从钢笔到为他们支付度假费用，目的就是为了通过补偿性支付的物质刺激来鼓励医生在处方中使用他们的药品。这是一种"渠道控制"，因为医生是药品流通的重要渠道。那么结果怎样？制造更好药品的动力被稀释，希波克拉底誓言①遭到威胁。

捆绑销售

20 世纪 80 年代，剃须刀片是两片；到了 90 年代，是四片；而今天，刀片已经增加到六片，而且还有递增的趋势。为什么发展迅速的消费品生产商一直在增加刀片的数量，而不是干脆换一种更好的剃须方式？这是因为，每个有野心的企业家都知道，把剃须刀和刀片捆绑销售，然后不断增加刀片数量以提高整体价格，是获得最大利润的捷径。但是长远的结果会怎样？剃须刀片越来越多。等到我们的孩子长大刮胡子的时候，剃须刀片就会像干酪擦一样。我们欠缺的是什么？是质量有明

---

① 医生誓言，从医人员入学第一课。——译者注

显提升的剃须刀和更好的剃须体验。这又是一个传统竞争手段对进步和创新的限制与阻碍的例子。

独占交易与拒绝交易

在很多行业中，公司之间都会签订非竞争性交易合同。我让你来分销我的产品，但你要承诺不帮助我的竞争对手销货；我让你来零售我的机器部件，但你需要答应不做我的竞争对手的零售业务；我让你帮我生产产品，但条件是你不能再生产其他企业的产品。这样的例子还有很多。在服装行业，这种情况尤其常见。品牌经营者通过营销、分销，有时候还包括零售等方式精心策划品牌运作，但很少直接参与生产。Tommy Hilfiger 和 Sun Apparel 品牌服装依赖于受控制的供货商——这些供货商生产多少产品完全取决于品牌经营者的订单。

进入障碍

在某些行业中，竞争者有意囤积他们不需要的资产，目的是将其他可能进入的竞争者排除在外。在生物医药和医疗保健行业，参与竞争的企业建立了与诊断治疗有关的专利限制。其结果是，行业的交易成本爆炸式增长，每个参与竞争的企业都需要和无数对手谈判，以求让自己的产品进入市场。因此生物医药业最终并没有像承诺的那样，为医疗和人类福祉带来革命性的影响。

分割市场

在某些行业中，"领地"或市场是被暗中划分好的，双方心照不宣："我控制这一块，你控制那一块。"在互联网泡沫的那几年，微软向当时的浏览器 Navigator 提出无理要求，之后以新兴企业的姿态占领了这块市场。为了说服网景放弃生产与 Windows 95 绑定的浏览器 Navigator，微软愿意支付大笔补偿金；同时微软也暗示会自动放弃为其他操作系统设计浏览器。这是该公司对网景提出共同分割浏览器市场的信号：我控制这种操作系统，你来控制另一种。如果当时网景同意，网络世界将和今日有巨大的不同：互联网将陷入两大巨头矛盾不断、整体市场停滞退化的状态。

整　合

创建企业哲学的第二步，就是整合所了解的情况，建立企业的基本原则。建立基本原则，需要对行业内特定矛盾有所认识，从而控制、避免失败的出现。

基本原则要明确的是，我们如何创造厚价值，而不是阻止其他竞争者创造价值。基本原则能够辨识出反竞争的行为并防止我们参与其中，让我们明白什么是行业中不恰当的做法、什么是真正的商业；基本原则促使我们致力于自由、平等的交换。企业中的基本原则可以是这样的内容："我们不把刀片和剃须刀捆绑销售；我们的产品都是可替换的。"或者是这样："我们不会创造低效的、代价昂贵的'专利限制'，不去拉低竞争对手的创新能力；我们为之前未使用过的专利提供机会。"或者这样："我们不与经销商签订独占性协议；我们要为产品建立平等的竞争环境。"最重要的是，基本原则使我们的产品在自由、公平的交易中"生存"，在这个过程中经历失败与进步，最后具备弹性。

基本原则意味着我们不愿意继续玩经济交易游戏。大多数企业仍然醉心于"货币化"和传统的商业模式：我们能卖什么？我们怎样更快地将产品卖出去？而基本原则关心的是我们不能卖什么。基本原则不是针对企业目标的泛泛而谈，不是为企业乌托邦似的使命和价值观表述凑数；基本原则明确地规定企业不能做出的行为（无论在任何困境下都不能做的事），因为一旦走上这条路，企业就会失去弹性。

谷歌是一家以基本原则为驱动力的企业，如今已经建立起了一整套规定：

1. 以用户为核心，你想要的自会到来。
2. 全心全意做好一件事最为难得。
3. 快比慢好。
4. 民主适用于网络。
5. 你要的答案不一定在办公桌上。
6. 不作恶是可以赚到钱的。
7. 更多的信息在等你。
8. 对信息的需求可以跨越任何边界。
9. 不着正装也能保持严肃。
10. 精益求精。

这些只是冰山一角。谷歌还制定了市场基本原则、软件基本原则、设计基本原则，等等。所有这一切，汇集成为谷歌的"价值创造之基本原则"：我们从中能看到谷歌如何通过自由、公平的交换来创造价值，而不是以不公平的方式阻碍对手发展。这些原则已经推动——实际上是迫使——公司建立起自己的商业模式：失败、前进、获得弹性。

让我们用谷歌的例子来反推一下：如果音乐和食品行业也采用谷歌的基本原则，是否会发展得更好。

更多的信息在等你

谷歌的原则之一"更多的信息在等你"意义何在？这条原则能防止公司从事独占性交易。谷歌几乎没有和广告商或出版商做过独占性交易。回顾一下互联网的历史：在 20 世纪 90 年代末和 21 世纪头十年，公司时常会与经销商签订此类独占性交易合同，以阻止其他公司的入侵。大多数情况下，这是一场纵向合并游戏：美国在线公司的搜索服务与美国时代华纳公司联合，Excite 搜索引擎与 @ Home 的 fat pipes 产品联合。在这两个案例中，这些公司的目的都是设立行业壁垒。最高质量的内容与最低成本的经销渠道没有通过市场结合在一起，相反，这些搜索引擎公司联合起来阻断了竞争，限制了消费者的选择范围。由于这样做并不能形成真正的独占保护，所以谷歌反过来开放了所有能够开放的信息，而不是选择自私地隐藏。最终，谷歌为人们提供了最好的信息，而"信息围墙"只能让信息和内容充满局限性。今天，"更多的信息在等你"带来了大量衍生产品：谷歌在电子书籍、学术文献、视频搜索等方面完胜对手。谷歌的基本原则防止了企业参与独占性交易，从而比对手提供了好得多的信息产品。

如果音乐产业也打出口号"更多的音乐在等你"，会怎么

样？和谷歌一样，独占性交易将一夜之间被淘汰。唱片公司将
把精力集中于产品质量和多样性，一个更具创新性的音乐产业
就会形成。唱片公司当年如果能这样做，就不会花十年的时间
在数字发行权问题上纠缠，也不会无情地控告自己的客户。公
司本应该花大力气去挖掘更优秀的艺术家，和他们签约，不断
地探索新的音乐类型、表演方式和表现形式。也就是说，去寻
找能不断增长的厚价值。

如果食品零售商也采用相似的原则，会怎么样？它们会为
世界提供最好的食物、最好的配方、最新鲜的原材料、最有才
华的厨师，而不是通过土地储备来扼杀竞争。零售商原本要考
虑的，是如何能在市场上提供竞争对手无法模仿的食品。如果
打出口号"更好的食品在等你"，企业以提供最好、最健康的食
品为己任，厚价值就会滚滚而来。

民主适用于网络

谷歌的"民主适用于网络"原则意义何在？竞争者们（如
Ask. com 和 Excite 公司）将置顶搜索结果的控制权交给了广告
商，形成了隐性的价格操控模式。你付一定的费用，我们就把你
的信息放在搜索结果的前几项。这样做的代价，就是搜索结果的
相关性变得很差。对于这些搜索引擎来讲，搜索结果的多样性和
自由性受到了金钱的控制。而谷歌的基本原则迫使其不断竞争，
在搜索质量上绝不妥协。"民主适用于网络"也意味着"金钱不
适用于搜索结果"。这样一来，谷歌就必须最大限度地与用户建
立联系，而不是被广告商收买、降低搜索结果的相关度。

如果唱片公司和食品商也遵循这种民主原则，会怎么样？

如果是这样的话，这两种产业的公司都不再会和零售商一起精心编织补偿性支付的大网，换取零售商对它们的音乐和食品的重视。它们的宗旨会变成"让消费者用钱包来投票，因为民主在这里是起作用的"。企业会被迫开始生产更好的产品，让零售商产生强大的欲望来帮助推销，而不是限制竞争的产生。有了民主原则，食品商和唱片公司会大大激发交换的自愿性，扭曲消费者选择、限制消费者与零售商接触的情况都将不再发生。这样一来，公司有能力发现品质更好的音乐和食品，让生产更有意义。公司也更有可能成为弹性企业，收获更多的厚价值。

快比慢好

谷歌最具革命性的原则恐怕就是这条"快比慢好"。正如谷歌网站上所宣称的："谷歌应该是世界上第一个提出这样目标的公司——让用户以尽快的速度离开网站"。这为什么具有革命性？雅虎作为反例，在网站上捆绑了星座、音乐、八卦、新闻等多项业务，其目标无非是让用户尽量长久地访问网站，即使网站并不为他们带来益处也在所不惜。并且，公司通过控制广告在网站上出现的位置，来控制广告市场。与之相反，谷歌强迫自己永远为用户提供最好的服务，而不是强迫他们停留在网站上。于是人们趋之若鹜地主动选择谷歌邮箱、搜索引擎、视频服务。人们越是主动地选择谷歌的服务，公司就越好地了解人们真正需要的信息是什么。竞争的结果如何？谷歌广告的相关性猛增，比雅虎高了 3～5 倍，这让谷歌跃升到霸主地位，雅虎则一落千丈。

"快比慢好"意思就是"我们不会勉强你浏览信息，我们永远保证你物超所值"。如果音乐或食品业也采用这样的原则会怎样？食品行业的原则可能会这样表述："我们是世界上唯一一家劝你少吃的公司。"这样，企业自然会生产更新鲜、更美味、同样价位下更有营养的食品，而不是让国民越来越胖。同时，生产商单位产品的净利润也会大幅增加。换言之，食品中充满了厚价值。

在音乐领域，也能使用类似的原则："我们是世界上唯一一家希望你尽量少买音乐的公司。"唱片公司会生产更多高质量、高价位、流传更久的音乐，而不是通过营销手段打造出一闪即逝的超级巨星，不再让虚假繁荣挫伤产业的最后一点活力，影响利润的产生。

这就是变革性所在：谷歌的任何一条基本原则都有可能对这两种陷入困境的产业形成彻底的影响。如果这两种产业不再以经济冲突为前提实现繁荣，就都能学会创造不依赖于上述这种冲突的价值。谷歌的所有基本原则，无论新旧，都以激光那样的高强度来使谷歌聚集于对竞争的重新认识：这些原则让谷歌走出传统竞争模式的桎梏，并产生弹性。20世纪的企业之间的战争充满硝烟味，而谷歌则在和平中取胜。

没有哪个公司是完美的。并不是说谷歌的基本原则会一成不变地指向绝对的、彻底的自由交换，而是谷歌公司比其他竞争者在这方面做得更好。工业时代的商业是一部发展缓慢的血泪史，并且时常停滞不前，因为大部分老牌企业竭尽全力地阻止昔日的模式遭受竞争的淘汰。相反，谷歌努力地让服务和商业模式避免不公平的竞争，甚至为此建立起数据解放阵线。谷歌虽然还未做到完美，而且经常遇到重重困难，有时候甚至毫无建树（谷歌在中国遇到诸多挑战），但它仍在践行其基本原则。谷歌专注于自由、公平交易，变革给公司带来很多压力，但厚价值也逐渐增加，这都使得谷歌与先前的垄断性公司以及当下的竞争对手之间拉开差距。

因此，谷歌最伟大的创新并不是其强大的科技能力，而是无限进步的空间。这一点有必要一再重申。谷歌之所以拥有巨大的变革力量与众所周知的实验能力，有着深层原因。自由、公平的交换是必要条件，也是推动变革的力量。不以公平竞争为宗旨，谷歌永远不会确定其实验会产生有效、准确、公平的结果，也不会像现在这样感受到那么大的压力而被迫不断延续创新。正是因为谷歌以和平竞争为前提，才通过更新和提升服务来创造更多的厚价值。

总　结

未来的竞争优势取决于公平性，而不是不公平性。有弹性的企业不会用不公正的手段和策略来保护昔日的商业模式、产品和服务，而是尽可能地将自己暴露于自由、公正的交易环境，从而创造出厚价值。这样的企业明白，不公正、反竞争手段的代价就是无法产生飞跃式的发展，因此企业会持续地选择公正而非暴力手段，选择哲学而非竞争战略。

你能创造多大的厚价值呢？你的组织有多大的弹性呢？你所在企业的哲学是否有影响力呢？请对照以下几条进行快速检查：

- 没有哪个行业是不存在矛盾冲突的。你了解你所在行业在何时、何地以怎样的方式爆发冲突吗？是系统性、长时间的冲突吗？传统商业模式中通常采用怎样的反竞争手段来束缚商业谈判、合同签订，甚至影响人们的思维模式？

- 你是否撰写过企业基本原则来防止以上不良手段的实施？只有一两条是不够的：你的公司是全面改革，还是三心二意地试试？

- 你们公司的基本原则是否像谷歌一样，准确、简明地规定了创造价值、适者生存的立场，而不是用不公正手段阻止其他竞争对手创造价值，从输家身上找机会？

- 谷歌的基本原则可以总结为这样一种哲学：让失败的代价更低、过程更难、时间更快。你所建立的基本原则是否有迎接失败的勇气——持续不断的、频繁的、代价较低的失败？这些失败是否迫使你不断为了明天而努力进步，而不是保护昨日的发展模式？

- 谷歌的哲学是持续不断地创造价值的能力，代表了谷歌的信仰、立场、生存支柱。你们公司创造的基本原则是否指向一种内在统一、自我强化的生存哲学，是否是一种能持续产生价值的源泉？

Creativity

From Protecting a
Marketplace
to Completing a Marketplace

5

创造力：从市场保护到市场完善

Creativity

From Protecting a Marketplace to Completing a Marketplac

现在已经建立了企业哲学，企业具有了顽强的生命力。成为建设型企业的下一步就是培育创造力：利用价值对话、价值循环及企业哲学来创造经济上的神话。创造力的出现，源于不进行市场保护、防堵竞争对手，源于为大众、社区、社会完善市场。

从硅谷到南非，下面要介绍的这些创新者无论在哪个地方，都在为这一目标努力。

* * *

在全世界分布广泛的最贫困人口，只要不良记录比富人少，就能得到贷款吗？不可能。新的汽车比中距离山地自行车便宜？不可能。香皂和洗发水最终将会让穷困潦倒的人发财吗？更不可能。发展成熟的互联网能在智能手机上毫无障碍地使用吗？

不会。但这正是建设型企业中具有开创性的革新者正在尝试的，他们在重新创造、构建、定义世界，思考 21 世纪所需要的新型创造力。

对于很多企业的领导者来说，谈到创造力就会想起戴着眼镜、穿着时髦、撰写炫目广告的人。在工业经济的规则下，我们对创造力的理解仅仅局限于审美或艺术方面。但经济中也有创造力，创造新的经济形态从根本上说是一种创造性行为。经济创造力从终极意义上说，是竞争优势的强大动力。

创造力——建设型优势的第三大来源——是新一代生产力的制高点。工业时代的生产力定义很简单，甚至过分简单——通过一定量的投入，获得更多的产出。数量而非质量，是其衡量标准。比如，在汽车业，生产率的计算方法通常是统计生产每辆汽车需要多少工人或劳动时间。其结果就是，企业的关注点集中于每个工人生产的汽车数量，而不是如何大幅提高生产的质量。

这就是为什么 20 世纪的生产力与 21 世纪的经济已经无法匹配了。在高度竞争的世界，准入门槛降低，产品的生产周期压缩，昨日的行业、市场及市场细分数量众多，竞争日趋白热化。因此，比对手多生产些小玩意儿就成为商品化的另一种途径。

然而，大多数企业止步于此。在大多数管理者眼里，创造力一词说的就是戴着眼镜、穿着时髦、撰写炫目广告的人。在传统商业规则下，你很可能把创造力局限于审美或艺术方面。但实际上远不止于此。

　　让我们暂时追溯一下历史，更加深刻地认识创造力。1413 年，菲利波·布鲁内列斯基在二维的画布上画出了生动的三维立体视角，震惊了世界，也让其对手不知所措。对当时的人们来说，他完成了不可能的事。无论时代如何变迁，创造力的本质都一样，就像布鲁内列斯基所做的一样：把不可能变成可能。创造力作为建设型优势的来源，能在经济领域实现不可能的目标。如同伟大的艺术家在美学领域达到了不可能的目标一样，新一代的生产力大师将在经济领域内创造奇迹。

　　建设型商业已大大超越了工业经济，并给予生产力新的定义，即社会生产力，一种不仅生产更多"产品"，而且还要创建"不可能"的经济领域的能力，这些经济领域包括对公众、社区、社会及后代最有价值的经济，因为其厚价值会"不可思议"地增加。社会生产力意味着有能力持续地创造竞争对手"难以想象"的行业、市场、分类和细分，这是对传统二维逻辑发起的正面冲击。把生产和别人一样的小玩意儿的想法放在一边，想一想：你创造了多少具有厚价值的新行业、新市场、新分类和新细分？对大多数企业来说，答案都是零。这些企业从未具备创造新细分、分类或市场的能力，而像苹果、塔塔汽车一样的建设型企业，已经掌握了新一代的生产力，达到了发展的巅峰。

　　塔塔为了降低汽车生产成本，创造了一种"不可能"的新市场，推出了有革命意义的 Nano 新型汽车；康帕图银行为拉丁美洲的农村贫困人口创造了"不可能"的市场，使他们可以获得贷款支持；任天堂为年轻女孩和老年女性打造了新市场，给电子游戏市场带来了翻天覆地的变化（这对许多传统电子游戏主管来说是"不可能完成的任务"）；苹果公司为移动电话注入活力，带来了iPhone，并通过应用程序创造了"不可能"的App产业。

从经济学的角度来看，实现不可能的目标意味着什么？掌握社会生产力意味着创造传统企业无法触及的新行业和新市场。20世纪的组织擅长创造盈余，即低需求高成本的市场、细分和行业，像悍马、巨无霸豪宅、价格昂贵的拿铁咖啡。建设型企业更加有创造性，这些企业创造了超高需求和超低成本的市场、细分和行业。

所有不可能的行业、市场和分类都有两样共性：在满足现有需求方面，大大超出传统模式的表现。从未被满足或很少被满足的需求得以被满足，同时不但不收取额外费用，还会维持原价或比原价低很多。高需求与低成本的组合，造就了经济奇迹（见图5—1）。

更大的经济奇迹

价格优势		Nano Wii Grameea- Phone	iPhone App商店 Wii 谷歌搜索
价格持平			iPhone
价格劣势	悍马		
	需求被满足	需求未完全满足	需求从未被满足

（左侧纵轴）相对价格差异

低需求→高需求

图5—1 不可能的市场

　　Nano 产品就来自高需求，它以超低的成本满足了印度穷人一直未被很好满足的交通需求——公共交通网络像补丁一样不完备，二手汽车价格偏高而养护成本一路上涨。iPhone 满足的高需求则是：之前从来没有人把完整无缺的互联网应用放在手机上，这种需求被传统手机制造商忽视了几十年，尽管从 20 世纪 90 年代至今，互联网已经实现了爆炸式的发展，而且 iPhone 的价格并不便宜。任天堂 Wii 的例子属于需求高而相对成本低的那一类：从前从来没有一种电子游戏设备是为未被满足的用户设计的，更没有一种设备会考虑发达国家用户的心理和生理健康需求——价格较贵的 Xbox 360 和 Playstation 3 大部分是面对那些需求已被满足的肾上腺素飙升的青少年。这左右开攻的几记重拳满足了从未被满足的用户需求，而价格与先前产品持平甚至更低，这在竞争对手看来是不可能完成的任务。问问福特、克莱斯勒、索尼和微软，这些公司至今仍难以相信它们受到了社会生产力的巨大威胁。

　　当组织掌握了社会生产力（苹果、塔塔和任天堂刚刚迈开最初的几步），就能获得创造力，即有能力创造超高需求、超低成本的市场，从而获得最高的厚价值。从经济学的角度来看，高成本低需求市场只能创造薄价值，因为这样的市场只能为最大受益方提供日益稀薄的利润。相反，超高需求、超低成本市场创造厚价值，因为受益方能获得最大的利益。对通用公司来说，悍马车明显满足的是有钱人的需求，其经营口号很可能是这样的："让富人们一起来分蛋糕。"但这种价值创造只持续了不到五年。而塔塔的 Nano，则创造了一款紧凑型汽车，比

SUV 更省油，对全世界的穷人来说，价位都能承受。因此，塔塔承诺，这种经济模式在未来几十年中都能推动厚价值的产生。

经济上具有创造力的企业颠覆了传统工业，那些老一辈的竞争对手往往关注对产品和服务的模仿。微软模仿了 iPod 推出了 Zune，索尼模仿 Wii 推出了 Playstation 3 的体感游戏控制器，然而这些企业一直未能认识到，更好的产品与服务并不是建设型企业所要突破的——创造力才是关键。传统企业要模仿复制的，是经济创造力本身，并运用这种创造力培养自己的新行业、新市场、新分类和新的细分市场。

传统企业要吸取的经验教训在于：创造力并不是资源，而是一种能力——它不在于专门化、本土化，甚至贫民化，而在于如何将创造力融汇到组织构架中。因此，创造力不仅是指生产一些炫目的新产品、提供新服务，或通过无数专利、品牌、商标等保护自己的产品和服务。它是指不断地为经济方面的"不可能"勾画清晰轮廓的能力。

如果在十年前，我跟你说，电子产业不是由微软、诺基亚和索尼主导潮流，你很可能会问我："很好，你讲的笑话还能有别的版本吗？"十年转瞬即逝，当年被认为即将消失的公司如今颠覆了至少四大行业：音乐、计算、移动业务和零售业。目前，第五大道上的苹果零售店可以说是世界上最赚钱的店铺，史蒂夫·乔布斯的传奇之处在哪里？不仅在于他坚持苹果产品在美学创造力方面不打折扣，还在于他坚持苹果的经济创造力不打折扣，对新的、厚价值市场和分类的掌握不打折扣，这一切都构成了苹果公司的基本经营理念。

从市场保护到市场完善

市场保护是传统工业经济的基石。传统生产力要求企业以更大产量生产与竞争对手相同的产品，以保护一成不变、老旧不堪的既成市场、分类和细分，防止对手的侵蚀，同时有必要想出各种手段来阻止、打击甚至消灭对手——这都是老掉牙的故事了。大家竞争的仍然是薄价值。

与之截然相反的是，建设型企业掌握了社会生产力，创造新的市场、分类和细分，最大限度地为公众、社区、社会和后代带来益处，而厚价值也很高。企业创造的超高需求、超低成本模式使最贫困的人成了最大的受益者，这是如何实现的呢？

秘密就在于全新的理念。这些企业不会保护市场，而是完善市场。在完善的市场中，每种产品和服务带来的好处使大家都能从中受益，大家都能买得到、付得起，企业的产品和服务能触及所有人、对所有人产生影响、为所有人带来好处。穷人可能无法承受一辆昂贵的宾利汽车，但在完善的市场中，他们至少能买到一辆 Nano。服务于贫困人群的新型交通工具诞生了，价值增厚。完善的市场激起了世界的变革，将其变成了一个机会更加均等的地方。

理论上讲，价值增厚应当达到以下程度：几乎每个人都能享受某行业提供的产品和服务，其价格符合消费者的收入，竞争和创新应使从前的奢侈品成为日常用品。企业应成为创造平等的引擎。人们选择的余地应持续地扩大——产品应在价位上更易被接受、受众更广泛、功能更强大、服务更广泛，更易获得。创新者应发现需求未被满足的人群，从中创造越来越多的厚价值，无论这些人是处于社会底层、顶层还是中间。

然而，在实践中，商业世界并不是这样运行的。大部分市场并不完善，大量的人群被排除在外，只留下少数既得利益者收取薄利润。在塔塔出现之前，不是每个人都买得起汽车，即便到今天，世界上仍然有 20 亿最贫困的人无力购买 Nano。

传统工业经济充斥着不平等：在价位、便利性、受众和服务方面都存在恼人的不平等，限制了消费、生产和造福社会的机会。而对建设型企业来说，不平等是一个巨大的靶子，提醒企业留意经济活动中的局限性，即厚价值的边界。这些不平等的现象在告诉你："注意，我们已经无法再有提高了。我们现在没办法让产品和服务在价位上更易被接受、受众更广泛、功能更强大、服务更完善。"这样的状况一旦出现，就是厚价值不再产生的时刻。

请听听学者艾玛·罗斯柴尔德①对极端不平等状况的举例说明："占美国人口 1/5 的最贫困人群花掉收入的 31％用于交通，比其收入稍高的第二档贫困人群在交通上花掉收入的 21％，处于第三档的 1/5 人群花掉 17％，第四档花掉 15％，最富有的人花掉 10％。"这些数字在告诉我们："我们无法提供低

---

① 诺贝尔经济学奖获得者阿玛蒂亚·森的妻子。——译者注

成本汽车，这是不可能的。价值已经停止增厚和增长了。"全球最富有的人在购买汽车时有充足的选择，而穷人则不然。底特律汽车生产商就是由于看不到这种不平等，仍然选择保护 SUV 产品，维护薄价值。其关注点就像激光一样，只聚焦于不完善的汽车市场。塔塔提出的问题是："对于那些长久以来需求得不到满足、一直被边缘化甚至被忽视的普通大众、社区、社会，我们将如何为之提供服务呢？"这家企业给出了简单但足以改变世界的答案："我们为何不生产低成本汽车？"

不平等还有一种不易察觉的形式：移动电话的使用者花费不菲，但在互联网使用方面却体验极差、到处受限，迟缓的网络速度让人痛苦不堪。简言之，就是："我们的移动电话只能提供这种残缺不全的网络访问功能，除此之外别无他法。价值创造在此停止增厚和增长。"诺基亚、索尼和其他老牌手机制造商没有看到这种不平等，因此继续保护其既有的智能手机产品，维护薄价值。苹果则以新的眼光看待世界，它开始进入这种有缺陷的市场中，就像用锤子击打一枚钢钉。苹果问："对于那些长久以来需求得不到满足、一直被边缘化甚至被忽视的普通大众、社区、社会，我们将如何为之提供服务呢？"该公司提出的一个简单但足以改变世界的答案是这样的："我们为什么不生产一款手机，使互联网功能能被大众在手机上直接应用，而不仅局限于极客们的小范围。此外，这种手机的价格还能与普通智能手机相当！"

你可能会问：为什么市场没能提供一个完善的机制？为什么会有不平等？这是经济制度自身的缺陷。田纳西大学金融学教授雷蒙·德根纳罗这样说："市场的缺陷使成本增加，从而阻碍了正常的个体之间交易（或者在没有缺陷的情况下本该发生的交易）的发生。"经济的缺陷进而限制了我们能够供应什么、怎么供应以及谁有需求。这些障碍和壁垒都阻碍了经济进步，限制甚至扼杀了本应得到满足的人群的需求。信息不充分、资源匮乏、较高的复杂性成本是市场缺陷的三大常见表现。每一种情况都会妨碍经济向前发展，限制甚至摧毁市场的完善性。

这样想一想：如果我们有永不枯竭的、便宜的资源和信息，将之组合在一起也不花费任何成本，我们就能为所有人提供质量好、价位能接受、受众广泛又易于使用的产品。但如果信息匮乏，不知道生产什么产品，也没有资源投入到生产中去，而市场的复杂性阻碍了各要素的有机结合，那么，一个好的产品所需要的价格优势、受众广度和使用上的人性化都将骤然消失，只有少数企业能实现这些目标。

建设型企业做出的选择是不同的，它们没有像对手一样维护现有的市场、分类和细分，而是为大众、社区、社会、后代提供了一个更完善的市场。其目标是持续又快速地创造"不可能"的新市场、新分类和新细分，校正市场中不完善的地方。当二者齐头并进时，前者将为后者带来巨大的冲击和变革。"不可能"的市场将迅速发展，产生高收益。

对于像堡垒一样被禁锢的市场，只有一样东西能撼动它：通往完美市场之路。使市场在不断完善中释放厚价值。苹果和塔塔都成功地修缮了长久以来市场不完备的地方：简化了市场的复杂性。当经济缺陷阻碍并破坏市场进一步发展时，两个公司都发现了"不可能"的新市场和新分类。通用汽车、克莱斯勒、索尼、诺基亚得到的惨痛教训是：对那些想要完善市场的建设型企业而言，什么都不能阻止它们改变世界。

完善市场始于对不平等现象的洞察，找到市场不完善的迹象，然后以"不可能"的新细分、新分类和新市场取而代之。传统企业会问这样的问题："我们如何保护已有市场？"而建设型企业则问："我们怎样完善市场来创造新型市场，使之服务于长期以来一直不能享受很好的服务甚至被忽视、边缘化的大众、社区和社会？我们可不可以简化市场的复杂性，将产品转化成资产，将资源细化，将信息成本最小化——总之，将市场不完善的地方加以改进呢？"

在提出这些问题的同时，建设型企业以四种途径推进市场的完善——超越、微观化、宏观化、简洁。

超 越

超越的意思是指站在新的高度、跨出限定的范围。超越和信息有关：站在高于市场的角度，跨越市场的限制，促进交换的产生。通常，信息不充分是造成市场不完善的一大原因。信息越贵，交易成本就越高，更多的分类人群和细分区域就无法享受服务。与信息不充分相关联的成本问题有很多种表现，如搜索成本、监控成本、任务实施成本等。如果这类成本太高，建设型企业就会寻找变革性的机制，将这类成本抵消或者降至最低。

在金融领域，信息问题是最多的。贫困人群无法得到合理的服务，因为监管和债务偿还的实施似乎是棘手问题。而小微金融服务的革命性创新解决了这一难题。由穆罕默德·尤努斯提出的小微金融，创造性地解决了金融监管和债务偿还问题。尤努斯的贷款发放对象以群体为单位（通常是女性），这些人共同承担监管和偿还责任。银行通过在村子和当地社区中高效地传播信息而大大降低了信息成本。如今，以格莱珉银行、康帕图银行为代表的具有开创性的建设型企业带来了"不可能"的新市场——其价值高达 300 亿美元，平均贷款额度低于 100 美元，债务拖欠率不到 5%，而边际利润率接近 60%。当这种新兴企业以光速前进时，传统金融业仍一片混乱。这就是厚价值的产生。

如果想实现超越，就问问自己：削减信息成本是否有助于我们为那些长期得不到良好服务、被边缘化甚至被忽视的人群提供服务？

微观化

微观化与市场的细化有关。通常来讲，产品和服务固化成一个整体，会导致市场的不完善：增量庞大、无法细化，因此不同市场分类和细分都难以使用、购买甚至接触到这些产品和服务。面对产品和服务整体性过强导致的市场不完善情况，建设型企业尝试微观化处理：将产品和服务切割细化，从而激发新的市场分类和细分。

平等理念不一定只针对贫困阶层，也有可能与 CEO 和对冲基金经理有关。即便是这些呼风唤雨的人物，私人飞机也是很奢侈的。听上去有点悲哀是吧？通过分割、细化飞机的所有权，新兴企业 NetJets 创造了"不可能的市场"，那些不起眼的百万富翁们也能在亿万富翁的游戏中分一杯羹。由于私人飞机大部分时候都处于闲置状态，因此这种零碎所有权的形式大大促进了用户的偿付能力。在过去，私人飞机市场是不可细分的，但如今，只要拥有私人飞机会员卡，每个人都能购买 25 小时的私人飞机服务。对于这样的服务，Gulfstream V 私人飞机只需 40 万美元，听上去虽然也不便宜，但如果要购置一架全新的这样的飞机则需花费 3 500 万美元。NetJets 提供的服务具备了价格优势。

Zipcar 在汽车领域的服务创新和 NetJets 在飞机领域所做的一样，但该公司所做的微观化更具创新性。Better Place 正在为新一代汽车建造电力系统网络和基础设施，以后的使用者就可以为电动汽车充电或随意更换汽车的电池。该公司计划用手机数据模式来为汽车计价，即行驶里程计划。使用者可以花钱购买一定量的里程数或根据电价换算过来的任意里程数，也可以购买包月、包年或不限里程数的固定套餐。标准电动汽车的电池价格在 1 万～2 万美元。这是整体性的固定计价。但 Better Place 使花费变得微观化。该公司实际上是用计算里程数的方式向用户一小块一小块地出售电池，如果用户购买固定套餐，花费会更多一些。Better Place 旗下的汽车联盟副总裁西德尼·古德曼在《连线》杂志上解释说："我们是电力服务提供商……我们购买电和电池，销售的是里程数。"Better Place 通过切分用户的电池费用实现了使电动汽车固定价格微观化的目标。其秘诀就在于：如果用户购买了足够多的里程数，就能免费获得汽车，这种模式保证了足够利润的产生。Better Place 的做法就如同移动运营商搞的充话费送手机活动。

还有谁运用了微观化的策略呢？苹果手机及其 App 商店。从前，移动服务是更大的整体性订购服务的一部分。而现在，苹果 App 商店的服务取之不尽，成本比一杯拿铁咖啡贵不了多少。通过将移动服务微观化，苹果对其服务的可获取性做出新的界定——到目前为止，App 商店里的各种应用有几十万种。

微观化策略的大师是 Twitter。从前，媒体是集中的：报纸、图书和电影都是不可细分的，并且成本高昂，大众无法轻易获得服务。而今，媒体已呈现原子化，被切割成一小块一小块——如 Youtube 视频以及各种下载链接。这方面细化最彻底的就是 Twitter——只允许每个人一次发 140 个字的文字内容。Twitter 成功的秘诀是这样的：其创始人埃文·威廉姆斯、比兹·斯通、杰克·多西发现，微媒体可以重新界定信息的受众、广度以及获取难易度，让人们一起提供内容、阅读并分享信息，更高效地参与到与他人的互动中。高效体现在何处呢？通过微观化，Twitter 正在把搜索与沟通的顺序倒置过来。人们常说模仿是最真诚的恭维，2010 年，强大的谷歌也不得不承认 Twitter 已经是人们常用的即时搜索工具，并开始将 Twitter 内容正式纳入检索结果之中。

想要实现微观化，请问问自己：细化、再细化，或者将僵

化的整体、不可分割的产品和服务切分，是否能够为那些长期
得不到良好服务、被边缘化甚至被忽视的人群提供服务？

宏观化

宏观化是指将产品和服务转化成资产。有时候，市场不完
善是因为支撑生产和消费的资产无法买卖或者不能在第一时间
获得，如知识、供应商、分销商网络、现金。市场发展所倚赖
的资产基础缺失将导致市场不完善，建设型企业家不但要销售
产品和服务，还会出售所谓的"整合的业务"，来实现宏观化。

小微金融的革新者格莱珉银行也加入了移动电话服务的先
锋行列，创立了格莱珉电话。如今该公司已成为孟加拉最大的
移动运营商，占据40％的市场份额。然而，格莱珉电话并未选
择控制旧有市场，而是通过找到新的细分市场来完善手机市场，
进而取代竞争对手。下面来看一个例子。

格莱珉银行具有变革意义的乡村电话服务将移动电话宏观
化：将服务转变成资产。该服务可以帮助贫困人群通过小微融
资获得最高200美元的资金支持来购得移动电话，并指导这些
人，教他们将手机租给同村的人打电话。移动电话于是变成了
资产，可以为他们带来长期、持久的收益——而不仅仅是消费
品。因此，格莱珉的这项服务销售的不是移动电话：该服务为
小微业主提供金融贷款，帮助他们创造"商务资产"。这些小微
业主也不再是消费者，而是乡村电话的运营商。他们做小生意
创造了厚价值，这对他们自身、移动网络以及小微金融机构都

有利，也对他们所处的社区、社会有帮助。这就是货真价实的、有意义的、长久的厚价值。当移动电话日益普及，小微商业逐渐繁荣，乡村电话运营商们就会形成运营网络，甚至会出现乡村笔记本电脑运营商。

从前，印度联合利华从事的是快速消费品的生意（FM-CG）。现在，该公司进入了快速消费资产的领域，推出了具有变革意义的 Shakti 服务。在进军农村贫困人群市场的过程中，印度联合利华遭遇了许多复杂的情况。因此，该公司决定全面转换策略。2002 年，公司和 NGO 组织、银行及政府部门合作，在试点的 50 个村子中为印度农村的贫困妇女提供小微贷款，进行创业培训，还为她们批发货物提供通道。其思路是什么？将消费品转变成资产。Shakti 项目的参与者不是消费者，而是小微创业者，像乡村电话运营商一样，她们有了自己的"商务资产"——快消品分销商。Shakti 项目为她们提供库存、培训和业务资本。

这些举措的结果是什么呢？迄今为止，Shakti 的从业人员已有 5 000 多人，印度联合利华已经把乡村业务向印度北方拓展，和传统工业模式下建立经销渠道相比，其成本仍相当低。Shakti 项目十分成功，印度联合利华已着手将这种创新引入全球的新兴市场。在斯里兰卡和孟加拉，类似业务已经全面启动。平均来讲，Shakti 的参与者收入增加了一倍。对于贫困人群中最窘困的人来说，生活发生了翻天覆地的变化，他们不仅获得了经济财富，还得到了尊严和尊敬。"现在大家都认识我，我也是人物了。"普通大众受益了，社会和联合利华都受益，每个人都得到了更好的生活，这是有关厚价值的一个令人感动的例子。

想要实现宏观化，请问问自己，将产品和服务转化成资产，是否能为那些长期得不到良好服务、被边缘化甚至被忽视的人群提供服务？

简　洁

简洁是指将复杂的事情简单化。简洁一词的意思就是不拐弯抹角，直来直去。市场的不完善，有时是由于其复杂性大大增加了生产和消费的成本，使产品和服务对潜在的购买方、供应方和消费者都不划算。

想一想，如果一键就能解决生活中所有的需要，听上去很荒谬是吧？对乔布斯来说并非如此，苹果的目标就是：一个按键控制所有任务。想想 iPhone 如今离这个目标有多近。当大部分手机还装着一大堆按键、开关和其他华而不实的东西时，iPhone 只有一个按键。苹果成功的真正秘密在于极度简化：精简用户操作的所有步骤，去除所有不必要的程序，这使产品和服务最终呈现的效果既让人震惊，又令人惊喜。和苹果的其他产品一样，iPhone 的革命性并不在于变成了一个更好的玩物，其深层意义在于，这个玩物变得出乎意料地简单。

苹果极具创新性的触摸操作软件使每个人都能轻松浏览网页。其严密的注册过程使购买和激活手机毫不费力，没有一大堆注册步骤让消费者心生恐惧。苹果的极简原则也贯彻到支付过程中，消费者不再被移动运营商臭名昭著的隐性收费困扰，他们能明明白白地看到每月支付的费用。当然，整合了 iTunes 和应用商店，iPhone 和 iPod 的革命性又提升了一倍，搜索、选择、下载和购买媒介与应用软件的过程都被极大地简化了。操作移动电话和 MP3 播放器这样的装置，从前都是极其复杂的，成本很高，大部分功能都未能得到使用，用户所购买的服务——如移动互联网业务——最后都没用上。与之相反，iPod、iTunes、iPhone 和应用商店极大地缩减了可能的操作步骤，实现了其去除复杂性的目标。通过简化复杂程序、增厚薄价值，苹果创造了新市场——使濒临死亡的市场获得新生，而且其发展迅猛，令对手望尘莫及。

塔塔公司虽然位于世界的另一端，但在战略上却和苹果公司像失散多年的兄弟。塔塔是如何创造出世界上成本最低的汽车的？就是通过简化的力量。电力支持的车窗、方向盘、门锁和空调，在新车中不包括这些基本"属性"。塔塔汽车的车身有一部分是塑料的，有黏合性的塑料材质配件撑起了整个车体，并未使用焊接技术。Nano 是 21 世纪的 T 型车，最基本的配件极大地降低了成本。即便是固定车轮的螺母和螺栓，都从原来的四个减少到三个。这简直是晚间喜剧演员口中的笑料。但这足以对底特律汽车制造商造成冲击，这些企业仍然维护着旧有市场，继续生产耗油惊人、产生薄价值的 SUV，而没能通过精简的方式创造不可能的市场。Nano 则相反，在耗油量相同的情况下，不仅比 SUV 行驶的里程数更多，还能使经济状况不佳的人群转变成受益最多的群体，从而产生厚价值。

想要达到简洁的状态，请问问自己，将原本复杂的事情简

单化是否能为那些长期得不到良好服务、被边缘化甚至被忽视
的人群提供服务？

总　结

许多时候，穷人已经接受自己被市场排除在外的状态，革
新者则突破这种不平等的界限，完善市场，而不是仅仅保护已
有市场——这就是像塔塔和苹果这样的建设型企业所创造的
"不可能"的新市场、新细分和新行业。当我们致力于实现平等
时，我们就会对现状、不平等及其带来的挑战说"不"。是的，
我们可以服务于大众。是的，我们可以向社会提供我们的产品。
是的，我们可以让用户享受我们的服务。是的，我们可以解决
问题。下面就是我们增加厚价值的方法。

经济创造力的源泉就是拒绝向不可能低头，只有不平等才
会显示出局限。请根据下面几项迅速拓展一下你的思维：

- 你是否拼尽一切来保护已有的市场、客户，使其免
  遭竞争？还是相反？你能否创造新的行业、市场、
  分类和细分，尤其是那些从现状判断，看上去不可
  能的情况？

- 你是否能去繁就简，为那些不能得到很好服务、被
  边缘化或被忽视的人群提供服务？如果你想简化复
  杂的市场，以下关于不平等的几个方面，哪几个会

得到改善：价格、使用简便性、可获得性、功能、服务？

- 对整体进行微观化或切分，是否能让你为那些未得到良好服务的人提供服务？如果你将固定资产微观化并切割，关于不平等的哪个方面会得到改善？

- 将产品和服务转化成资产，是否能让你为那些不能得到很好服务、被边缘化或被忽视的人群提供服务？如果你提供资产（而不是产品和服务），关于不平等的哪些方面可能会因此得以改善？

- 削减信息成本——如协调、监管和实施成本——是否能让你为那些不能得到很好服务、被边缘化或被忽视的人群提供服务？如果你削减了成本，会改善哪些不平等问题？

- 通过改善以下几个方面：价格、使用简便性、可获得性、功能和服务，你能创造怎样的新市场？你所在的行业里，哪些方面的进一步改善通常被认为是"不可能"的？

Difference

<u>From Goods to Betters</u>

6

意义：从产品到幸福

Difference

From Goods to Betters

　　掌握了完善市场的方法，你就会变得像毕加索一样聪明。向建设型企业迈进的下一步，就是使企业带来不同的意义：通过价值对话、价值循环、企业哲学、创造力来产生有意义的改变，为人类造福。建设型企业不仅生产合格的产品，还会力图使产品带来更好的生活——产品和服务将为公众、社区和社会带来价值和意义，对人们产生实际的、有意义的、长久的正面影响。

　　那么美好的生活应该是什么样的？让我们看看下面的例子。

＊　　＊　　＊

　　这曾是 20 世纪的标志性产品，世界上最酷的运动员为其代言，在超级碗和体育杂志上的广告铺天盖地，定价完全超过了大众的承受能力。每个热血沸腾的少年都曾梦想拥有这样一双鞋——就连专业运动员也这么想。像乔丹那样的飞人把耐克塑造成了今天的商业巨兽。

你会认为耐克将朝这条路一直走下去。但为什么 21 世纪的耐克会突然华丽转身，帮助消费者学习更好的跑步方法，不再像从前一样仅仅是劝说人们穿上炫酷的耐克鞋？

答案就是：耐克作为一家建设型企业，发现在 21 世纪最具变革性、最有利润也最有价值的优势不是增加产品细分，而是改变大众、社区和社会的生活样貌。

传统商业不仅在经济上不可持续，而且在战略上也十分短视。其原因就在于，当时的战略与大众、社区、社会、后代都有着极大的冲突。传统商业模式的最高目标在于，只要有利可图，就为人们生产更多的产品，无论是让他们的生活变好还是变坏，都不是问题。

这样的激励手段无法解决后现代社会面临的最大问题：幸福感稀缺。虽然收入有所增加，在发展中国家幸福感仍在下降。根据国家民意调查中心发布的关于社会总体意见的调查结果，幸福感在美国也已经下降。20 世纪 70 年代，感到非常幸福的人群所占百分比最高，达到 38％，之后一直处于下降趋势，并且从未回升到 40％以上。欧洲晴雨表调查显示，在欧盟的八个核心国家中，30 年来幸福指数一直基本持平，增长率不到 1％。日本内阁做的"全国生活方式调查"显示，幸福感最高的人群近年来急剧下降，从 1978 年的 10％下降到 2005 年的 6％，而在同样这段时间中，GDP 增加了一倍多。在中国，世界价值观调查结果显示，最幸福人群的百分比从 1990 年的 30％下降到

2008 年的 20％。

理查德·伊斯特林是南加州大学幸福经济学的领军人物，他这样总结："从长期来看，幸福和收入没有关系。"这种过于鲜明的观点在经济学家中间引起了争论——如今被称为"伊斯特林悖论"。持中立立场的人们建议，虽然大家普遍认为收入和幸福之间有联系，但这种相关性下降是很快的。即便是当今世界最富有的经济体，民众已经相当富有，感到非常幸福的人群比例仍然很难超过 40％～50％。

与收入相对应的幸福感下降，表明我们所赚的每一分钱，无论美元、英镑还是日元，都只为幸福感的增加贡献了微不足道的一部分；在某种情况下，我们甚至会变得不那么幸福。当经济体以及各个公司按照旧有的规则运行时，幸福最终就像一种零和游戏。虽然我们赚得多了，幸福程度的总和却不乐观，最糟的情况下将维持不变，最好的情况下也只是缓慢上升。情况仿佛是这样，当我们感到幸福时，幸福感的增加只是从一个人身上转移到另一个人身上，然后再转移回去；更糟糕的是，现在的自己向未来的自己透支幸福。这就是我的看法：过去商业社会已经触及了幸福的天花板——从长远来看，其基本理念所能产生的幸福感以及幸福人群的数量都遭遇了瓶颈。

人们什么时候感到最幸福，什么时候最不幸福，研究结果一目了然。根据伦敦经济学院著名教授理查德·莱亚德的研究，人们最幸福的时候是放松、有社交行为，或者，你可能也猜到了——有性行为的时候。那么在他的研究中，让人感到最不幸福的三种活动是什么？去上班的路上、工作中和下班回来的路

上。我们最喜欢接触和最不喜欢接触的人是谁？朋友和家人最
让我们幸福。客户和顾客在带来不幸福感觉的人中排位第三，
独处是第二大不幸福的来源，排名第一的是什么？比独处更让
你不开心的是谁？是你的老板。

我认为问题是这样的：工业时代经济组织的利润来自尽可
能多地生产、营销、分销和销售产品。虽然很多企业也提出要
改变单纯生产产品的情况（如乔·派恩和吉姆·吉尔摩提出的
"体验经济"），但没有一家企业能跳出框框，打破幸福感的天
花板。

幸福并不在于消费更多的东西，而在于享受更好的生活。
虽然我们可以消费企业生产出来的产品，但人类的终极福
祉——如人际关系、经济安全感和健康状况——都没有得到改
善。到达一定限度之后，人们的幸福感实际在下降。肥胖、中
产阶级的收入停滞、信任的缺失，都预示着未来幸福感的滑落。
传统工业时代的企业拼命生产，不惜造成不良后果，甚至摧毁
明日的幸福，让人们今天的生活遭遇瓶颈。

最能带来收益的厚价值，也是真正的价值所在——从人性
的角度出发，对公众、社区、社会有益——反映的是长久的、
可见的幸福。如果一个经济体以牺牲人民幸福为代价获取利润，
那么不论获利是多是少，都是不可持续性的，都是建立在薄价
值基础上的。利润也好，商业价值、股东价值也罢，只要给人
们带来不幸，都不可能有真正的价值，除非人们天生喜欢受虐。

因此，20 世纪的商业模式进入 21 世纪后最大的问题，也
是最令人头疼的困扰就是：如何重新界定幸福？在传统经济的

框架下，即使最富有的国家，也时常遭遇幸福感的天花板，"特别幸福"和"特别满意"的人数无法持续增长。设想一下，我们能不能建立起这样的公司——甚至最终建立起这样的国家和经济体——其足够强大和健康，能够打破幸福感的天花板？

今日的创新型企业正在践行这一理想——寻找创建更有意义的企业的可能性，而不仅仅关注产品的差异化。在传统商业时代，公司所注重的都是产品和服务的差异化。这个游戏的实质就是增加醒目的价值感：煞费苦心的品牌传播、机智的标语、醒目的广告词。与之不同的是，创建更有意义的企业并不只是生产差异化的产品，而是改善大众、社区、社会和后代的生活状况。

创建更有意义的企业就要掌握一种新型的效能：社会效能。这和传统企业对效应的定义——经营效能——有着本质的不同。20年前，杰出的管理思想家迈克尔·哈默曾这样描述经营效能：不仅要正确地做事，而且要做正确的事情。无效的经营程序被抛弃，剩余程序得到最高效利用，实现最大性价比。企业绩效的误差统计由三个西格玛上升到六个再上升到九个。结果呢？产品质量飞速提升，库存大幅下降，产品生命周期被压缩。经营效能与产出密切相关：如何使投入持续、稳定、频繁地变成完美、无瑕疵的产出。

社会效能与产出质量无关，而是指生产带来的最终后果。这并不是如何把事情做对或者如何去做对的事情，而是如何校正我们所做的事情——保证我们的产品和服务最终产生正面的、有形的益处，并限制那些不愿、不能、不会带来益处的生产。社会效能的衡量标准是，我们的产出（其实只是无生命的纯粹的物体）如何转变成有形的、正面的结果。

下面要解释一下为什么校正我们所做的事如此重要。产出是指我们所生产的产品，经营效能使大部分公司都能高效地生产产品。但是结果是指人们在消费这些产品之后所发生的事。那么，在消费了产品之后的漫长时间里，生产所导致的最终结果是怎样的呢？和这些企业做交易，最终是否为顾客、社区、社会、后代带来有形的、积极的结果？除非答案是肯定的，否则厚价值无法获得充分的增长。

经营效能增长迅速，社会效能变化并不显著。不过很多时候，也会呈现相反的状况。一个组织如何持久、频繁、稳定地为人们的生活带来可见的改善？我们的汽车、软件、信用卡是否真的可以一直在改变生活方面起积极的作用？答案常常是否定的。传统经济下生产的食物摧毁人们的健康；沟通和互动破坏社会的联结；金融机制当然也前所未有地侵蚀财富总额。

个体、组织以及整个经济体，在创造积极的影响方面一直都很欠缺。这并不奇怪。传统经济的基本原则完全没有考虑生产为大众、社区、社会和后代带来的后果，因此在组织管理决策中这一环也是缺失的。那么其结果是什么？传统商业模式可以任意创造薄价值，因为销售差异化产品能够从消费者那里预支利润——而不必考虑长期来看是会改善还是损害他们的生活。

要想成为一个有意义的企业，需要从大处着眼，所做的工作比生产差异化却毫无新意的产品更有意义、更为重要。这要求我们真的能为经济带来彻底的改变。当组织实现了社会效能，就比竞争对手创造了更多有形的、积极的结果，改变了人们的生活，而不是仅仅肤浅地创造差异化产品和服务。企业所做的改变本身可能不足以无限地推动人类幸福感的提升，但我认为如今有必要为大众、社区、社会和后代创造新的幸福。那些能够做出改变的企业就在一点点地让自己变得健康，有朝一日将能打破传统商业的天花板。

在这层天花板之外，有更高一层的企业优势存在。做一家有意义的企业并非意味着利他主义、慈善或者博爱，事实上正相反，企业这样做其实是在强化自己的战略影响力。当一家公司以创造幸福为最高目标，传统商业与大众、社区、社会的巨大利益矛盾就会消失，企业从单纯地销售产品变成为人民谋福利，共同利益及其创造的正面结果将化解矛盾。因此，以改变人们生活为目的的商业模式已经在逐步实现其顾客忠诚度、信誉和合理性，因为与对手相比，它们向大众、社区和社会提供的是一个纯良的世界，为后代带来的不是利益冲突，而是真正的厚价值。

在 21 世纪，无法做出改变的企业会逐渐走向灭亡，而耐克和其他创新型企业将在尝试做出改变的过程中蓬勃发展。事实上，这些企业正在重新定义商业的本质。

从产品到幸福

利润、增长和股东价值不是最终目的，只是为他人创造了对他们影响最大的、有形的、长久的利益之后所带来的回报。如果我们一味追求利润、增长和股东价值，而没有持续地、准确地帮助大众、社区、社会、后代改善生活，那么我们所做的在经济上将是无意义的。之所以没有经济意义，是因为真正的经济价值并未产生。单纯的逐利、促增长、提升股东价值、创造薄价值毫无助益，其所欠下的债重新落回到公司的头上是迟早的事，而且只会早不会晚。

日积月累，我们所做的工作在经济上的意义越来越小。这就是为什么 SUV、麦当劳汉堡和巨型豪宅中都透着幸福感的缺失。纯物质只有在积极地影响人们对幸福的感觉的时候才具有经济意义。你做的电子游戏比竞争对手更能扩大人们的交际圈吗？你生产的鞋能让人们更健康吗？你生产的笔记本电脑能让人们工作得更有效率吗？人们是否由于参与到你的企业活动之中而变得更聪明、更健康，或与他人联系更紧密？这是真正的价值创造，也是最难做到的。

"有些公司很难定位自己，因为它们太容易受语言的影响。它们误以为，说出来的话必然都是有一定含义的。"30 年前，艾·里斯和杰克·特劳特在《定位》一书中曾把这段话抛给企业的领导者们。他们实际上在说："语言是没有意义的。"看见这罐啤酒了吗？它能帮你追到更漂亮的女人。事实上，这啤酒只是低质原料批量生产的产品而已——只是对高档啤酒的苍白模仿，根本不会对你找到更多约会对象有什么帮助。

问问你自己：汉堡王的皇堡和麦当劳的巨无霸有什么不一样？悍马和凯迪拉克有什么区别？百事可乐和可口可乐有哪些

不同？所有这些产品不过是在共同的感知价值基础上稍稍做了一点改变。感知价值并不是真正的价值，而是想象出来的！产品的差异性常常十分肤浅。在这现象背后就是毫无意义的语言——可信的、准确的、有强大影响力的经济意义却无情地导向了假想的收益。薄价值的代名词就是想象中的收益。总的来说，这就是无意义的商业所具有的形态和所存在的问题。

在经济上有意义就是要能够明确证明并提高结果："让我们的客户更健康""让人们身心愉悦""我们的客户有了更好的人际关系""我们让社区更有活力"。结果让人们更幸福，企业的工作也才有意义。这才是真正的厚价值意义所在，大众、社区、社会、自然界和后代都将因此受益。

20 世纪 70 年代、80 年代、90 年代，都在关注一个基本问题：商业的本质是什么？为了回答这个问题，企业在不断地为商业提出新的定义。比如，劳斯莱斯和 IBM 从生产产品转向提供服务，从攫取价值转向安装、维修和替换产品。今天，这个问题已经无法帮助我们学习创造真正的价值——厚价值——的方法。在 21 世纪，像"我们的商业模式是什么样的"这类问题已经过时，因为这个问题本身并没有启发我们如何从根本上创造一种更好的模式。

今天，每个公司都在运用同一种模式：结果导向的商业模式。21 世纪面临的挑战并不是如何生产出工业时代毫无意义的各色产品，而是如何避免生产出这种东西。如何对人们的生活做出持久、切实的改变才是创造真正经济价值的基础。

那么，今天的变革者怎样才能让商业有意义呢？这就需要一种彻底的变革：创造幸福生活。20 世纪的企业生产的是物：通过产品和服务为人们提供经济上的好处或短期的便利。但是这种物质形式的产品只是输出，而今，结果型经济更占主导。建设型企业发现，21 世纪的企业不再满足于提供物质形式的产品，而是试图改善人们的生活状况：通过一整套产品和服务让大众、社区、社会、自然界及后代拥有更好的未来，为人们带来积极、切实的结果。从更广泛的意义上讲，改善生活意味着整套的产品和服务——颠覆传统商业理念：产品和服务一旦使用就会逐渐贬值。

你可以把幸福生活看成是对传统商业下产品输出的转变，即把传统工业经济的产品转换成造福人类的手段。我们越是能长久地、稳定地把产出从产品转变成幸福生活，我们获得的经济效能就越高，我们对世界的改变就越大。

以耐克为例。20 世纪的耐克专注于产品细分。这一品牌曾经像教科书一样汇集了所有的经典经营方法，汹涌如潮地大规模生产运动鞋、运动衣、配件，并不断翻新款式、颜色和相关科技。从 20 世纪 80 年代到 90 年代，再到 21 世纪的头十年，耐克的产品都是没有附加价值的。企业并不关心产品是否对人们的未来产生积极的影响。运动鞋可能会帮你跑得更快，但耐克产品时尚的配饰贵得吓人，更糟糕的是，耐克产品还可能危害身体健康。克里斯托弗·麦克杜格尔在《天生就会跑》一书中指出，很多"有创造性"的新技术被运用到跑鞋上，但其实损害了脚部和踝部周围的肌肉，增加了运动员的伤病风险。

21 世纪的耐克明白，是时候扭转局面了，企业从生产差异化的产品调转方向，开始潜心研究如何改变世界。如今，耐克再次在运动产业发起变革，而这一次，其目标在于全方位改善普通民众的生活。耐克＋是耐克旗下的在线社群，在 2006 年发起了全民健跑运动。根据《连线》杂志报道："120 多万名跑者共跑了 1.3 亿多英里，消耗了 130 亿卡路里的热量。"只要你提供一个机会，耐克＋就会全力帮你成为一名更好的跑者。你能得到出色的运动指导、确定目标、制订跑步计划，还能和其他人交流跑步心得。耐克宣称，耐克＋是全世界最大的跑步俱乐部，但实际上不止于此。它是提高人们身体状况的增压发动机，使跑步爱好者在每一次运动中都能更加健康。它意味着幸福生活变得更好：耐克和耐克＋的目标就是让每一位用户都成为更好的跑者。

耐克在英国的市场营销主管司马裴向《变革》杂志介绍了公司从关注肤浅的产品细分向为人们创造幸福生活的战略转变："我们是为了让运动员表现得更好。"司马裴说："所谓的转变是指，我们不再做广告，我们只做酷的事情。听上去有点炫耀，但事实的确如此。广告就是为了增强品牌意识，但我们现在不需要这个。我们需要的是成为广大消费者生活的一部分。"成为大众生活的一部分就是在人们的生活中增加厚价值。

耐克科技实验室的罗伯特·塔利亚布与创新专家山姆·劳伦斯在访谈中这样解释了耐克＋："与其说它是耐克的，不如说是运动员的。用户是中心，耐克为人们提供各种体验以改善大家的生活。"核心词又出现了：改善。耐克数字运动部门的副总裁史蒂芬·奥兰德曾这样对《时代》杂志说："在过去，产品是客户体验的终点；而现在这只是起点。"运动鞋就是这样的起点：改善生活的目标将产品转换成了结果。耐克谋划的是厚价值。

耐克$^+$是耐克公司下一个十年内主要的增长平台之一，从对低级的产品形式的追求——运动鞋——提升至对人类福祉的追求，创造可见的改变大众生活的结果。而其竞争对手（如阿迪达斯和彪马）仍在水深火热之中，因为追求无意义的产品细分（为有限用户定制的限量版运动鞋）而利润越来越少，虽然颜色有上千种变化、广告炫目，但企业赢利状况却不乐观。耐克却褪去了产品细分的华丽外衣。1997 年，根据《纽约时报》和《广告时代》的统计，耐克公司有 55％的预算花在传统广告商身上。到了 2007 年，也就是耐克$^+$推出一年之后，数字降低到 33％，降幅达到 50％以上。过去耐克花费最大的一项，即传统的大规模营销，现在占比越来越少，这也是配合耐克$^+$这一尝试的协同努力，耐克公司看到了在新项目上的投资能带来的回报。这种更迅猛的回报不是来自产品细分，而是产生于改变大众生活的努力，耐克希望通过这种方式在未来的十年再次实现历史性的增长。

致力于创造幸福生活而不是产品细分，必然导致对传统竞争模式的颠覆。很多公司会向人们承诺在未来能给人们带来的好结果。（嘿！买这种牙膏，你就能得到梦想中的男朋友或女朋友！）不用说，这样的事情虽不是经常发生，但竞争的基础并没有改变。与之相反，耐克撼动了其所在行业的竞争基础。新的基础由于会促使更大的回报产生，自然不是花哨的营销方式、更广的经销渠道，或者更多创新型的产品（这些只是起点），而是提供更好的服务——如何保证消费者能得到更好的结果。保证是核心词。像佳洁士、高露洁这样的牙膏品牌，虽然都承诺产品能为消费者带来更好的人际关系，但都无法保证结果的出现。而耐克⁺能够向跑者保证比阿迪达斯和彪马更好地提升跑步体验和跑步技能。耐克所投资的不是细分产品，而是对生活的改变；公司没有把投资花在传统广告之上，而是着眼于对人们生活品质的提升，因为这种需求决定了什么是真正的竞争力。

　　企业的产出从产品转换成更好的结果，从而实现对生活的改善，通常都是因为对下面四个方面中的一个或几个产生了积极的影响：身体健康、社交丰富、经济富足、精神愉悦。下面我们来看看其含义是什么，以及建设型企业如何在这些方面实施影响。

身体健康

　　要对人们的身体健康产生影响，你需要回答这样的问题：我们的企业是否让人们在身体上感觉更舒适，是否帮助人们延长了寿命？是否使人们有规律地运动、合理地饮食、充分地休息？是否让人们更好地保持了个人和环境的卫生？

　　从前，消费者的健康问题是传统食品零售商几乎从不关心的问题。它们关注的是怎样将产品卖出，至于产品中是否含有防腐剂或饱和脂肪酸，都不重要。产品一经出售，后果概不负责。"营养成分都在标签上，这就是我们能负的部分，"Big

Food 就是这样解释的。

等到全食超市出现，情况发生了变化。那么，全食超市是怎样掀起了食品行业的革命，使放心食品成为趋势的呢？很简单，其关注点在于人们的健康。全食超市白手起家，从一开始就把目标锁定在人们的健康上，无论在进货、销售还是食品口味上都力求保证质量，满足消费者的健康需求。

全食超市还有许多不完美的地方。比如，CEO 约翰·麦基曾在《华尔街日报》发表的一篇文章中极力反对全民医疗计划，主张放松医疗管制，这引起了广大消费者的强烈抗议。《琼斯夫人》杂志曾报道，全食超市的企业内部战略目标是"百分之百地摆脱工会"。一石激起千层浪，工人的集体行动遭到公司的干预。公司也拒绝承认已经成立的工会组织的合法性。

具有建设性的企业虽然不是完美的，但确实更优秀。除去企业的种种缺点以及高级管理层的政治立场，全食超市全力以赴地提升消费者的健康水平——这是其竞争对手无法企及的。该公司从禁止各种有害添加剂开始——如人工香料、色素等，到后来推出一系列产品有针对性地解决人们的健康问题，同时改善销售体验，让消费者在选购食物时能够获得诸如食品来源等相关信息，推出不同产品满足消费者的不同需求。全食超市最后使消费过程延伸到在店内举办保健课程、学习小组、讨论讲座等，内容涉及食物、饮品、生活质量方面，帮助消费者最大限度地增强身体素质。

在过去，Big Food 将全食超市视作董事会门外举着和平主义牌子游行的嬉皮士，而现在，Big Food 忙不迭地模仿全食超市并奋力追赶,恨不得一股脑儿地把全食的所有创新都用上。乐购在 Fresh&Easy 社区超市投资了上千万美元,结果也不尽如人意。全食超市的管理者们总是能比模仿者领先一步。Fresh&Easy 曾让乐购大失所望,为了推动增长,乐购曾在市场营销方面花了重金。但为什么会失败呢?因为模仿者往往不得真经。如果竞争对手无法复制全食超市的经营策略,那么其货架上所谓的"健康"食品会在原料、进货来源、营养成分等方面和"不健康"食品没有显著区别。模仿者并没有透彻理解全食超市的秘密:虽然该企业仍然有很多不足,但其经营模式并不是以产品为核心的,而且从来都不是。这是一家以结果为导向的企业,其出售的不是物品,而是更好的生活方式。每一件产品、每一种服务、每一家店铺都致力于改善人们的健康,食物只是通向健康生活这一最终目标的媒介而已,美好的生活才是更有价值的。

社交丰富

社交是指人与人之间的联系:重点是关系的质量、强度、持久性及频率。若想在这方面施加影响,需要回答这样几个问题:我们的企业是否帮助人们更好地建立关系?我们是否扩大了人们的社交范围?我们是否促进了更有信任感的关系,是否让人们的联系更多、关系更紧密?

在英国埃德巴斯顿的日升老年中心,一名厨师在周末把儿子的任天堂 Wii 游戏机借给了一名工作人员,一场革命就此展开。《独立报》报道说，那里的老人对游戏机爱不释手："在老年中心，保龄球游戏是最受欢迎的，90 岁高龄的巴里·埃德加成了明星。埃德加先生说，'游戏很有竞争性，我们都玩上了瘾，它真的拉小了年龄差距。'"

这是否只是老人们一时兴起？再好好想想。日升老年中心是纽约证券交易所上市企业，全球有四百多家连锁店，在这里玩 Wii 游戏机成了老人们日常生活中必不可少的一部分。在佐治亚州的阿法乐特，Wii 游戏也颇受欢迎。《亚特兰大宪章报》报道称："在阿法乐特的日升老年中心，Wii 健身游戏把下午三点的社交活动变成了卡拉 OK 舞会，老人们争先恐后地抢夺麦克风，唱起了弗兰克·辛纳屈的歌，然后随着嘻哈风格的音乐起舞。"

谁会想到，电子游戏会成为家庭或老年中心社交活动的焦点？像索尼和微软这样的公司不会想到，这些公司关注的焦点仍然停留在技术复杂、图像炫目却对生活不产生任何意义的游戏制作上。与之相反，Wii 游戏掀起了社交健康的浪潮，重新定义了整个行业。在过去，玩电子游戏是十几岁的小孩沉浸在自我世界中的方式。而任天堂的 Wii 将目标收回到大众层面，让电子游戏成为大家的社交平台，老幼妇孺都能参与。Wii 运动、Wii play、俄罗斯方块、雷曼疯狂兔子、马里奥赛车、马里奥派对等游戏都是"聚会游戏"。这些游戏的目标都是为人们的聚会创造气氛，把各种各样的人汇集到一起。Wii 游戏在各个领域开辟了新的疆土，能够与日升老年中心产生交集，受到铁杆游戏玩家支持，还成为一种健身方式，也可以进入普通大众的生活。Wii 游戏变得更有挑战性、更有趣、也更有益，因为它促进了人们的社交活动。这一理念精准地聚焦于结果，Wii 游戏远远超过了 PlayStation 3 和 Xbox 360 这两个竞争对手，建立的客户群数量之大、速度之快让索尼和微软瞠目结舌。

最后分享一个小插曲。《丹佛每日新闻报》这样称赞 Wii 游戏："87 岁的比尔·安德森在游戏中扮演圣马力诺前锋，他说 Wii 运动让他再次找到人生的乐趣。自从他的妻子狄克西三年前过世，他就没有像今天一样体会过发自内心的快乐。"游戏变得如此感人，又有强大的影响力，现在，Wii 游戏为大众的生活带来积极的影响，并创造了真正的价值。传统企业有没有像任天堂这样改变过世界呢？哪怕一次也好。遗憾的是，几乎从未有过。

经济富足

经济富足是指企业能帮助他人获得更高的工作效率和成效。想要在这方面产生影响，需要回答这样几个问题：我们企业的产品和服务用起来方便吗？每当人们使用我们的产品时，是否能轻松地得到想要的结果？我们能否帮助人们获得更多的安全感，以对抗经济的起伏和动荡？

要想给大众带来经济富足要求企业并不是简单地卖给人们低价的产品和服务，因为这会进一步产生学习、维修和重置的成本。比如，你一辈子只吃快餐省下来的钱可能会被另一种特别严峻的成本所抵消。相反，经济富足的意思是，在同样的价位下，为客户提供更高、更长久的好处。

以佳能数字学习中心为例。学习拍摄高质量的照片是个痛苦的过程，大部分相机的说明手册上满是晦涩的专业术语，对学习拍摄毫无帮助。成为一名优秀的摄影师通常意味着要拍摄成千上万张照片、装满几十个相册、花掉大笔的钱。而在佳能数字学习中心，你可以浏览各种相关信息，包括技术帮助、专门辅导、摄影类的文章和照片。大部分展示的照片都完整地提供了摄影师所采取的技术变量数据——包括光圈、调焦、快门速度，等等。通过阅读这种指导性和技术性的文章，你就能明白为什么某些变量是重要的，以及这些变量会如何影响照片效果。你可以注册佳能线上学习小组和课程，学习如何实际操作。佳能的目标不只是出售更多的相机，而是帮助人们成为更好的摄影师，让他们在每次拍摄中都能获得进步——这就是一种小小的但切实的经济上的帮助，永远会伴随人们左右。

可能经济帮助方面比较宏大的例子就是印度联合利华的Shakti 计划。Shakti 小额贷款计划使印度乡村的妇女变成了小微创业者，其带来的结果就是强有力地促进了经济上的富足。在过去，农村妇女的生活受自然天气、社区和丈夫的制约。小微贷款和小微创业者的身份让她们获得了稳定收入，并使当地的人均收入增加了一倍。这种经济帮助在从前是根本不存在的。

精神愉悦

针对精神愉悦问题，你需要回答这样几个问题：我们的企业是否使人们的精神更加愉快？是否减轻了他们的焦虑、紧张和压力？是否让人们在精神上更健康？我们是否提高了他们的思考、分析、记忆和判断能力？

请迅速说出你能想象到的、最不可能改善精神状态的方式。这里有一个完美的备选：电子游戏。早在 30 多年前，人们认为电子游戏会使人变傻。20 世纪 80 年代的射击入侵者类游戏或者 90 年代的僵尸类游戏，可能的确如此。

但是现在则不然。Wii 除了能改善身体健康状况以外，还是社交的平台，这只是任天堂抗击无意义商业模式的一个方面而已。此外，任天堂还率先开发了大脑游戏，连接了 Wii 和 DS 平台。类似"脑龄测试""轻松头脑教室""川岛博士的大脑"等游戏为年轻人和上年纪的人提供了同等的机会来锻炼大脑。虽然专业人士仍然在讨论大脑游戏是否真的能提升分析与记忆能力，任天堂的产品开发动机是值得肯定的：大脑游戏生动地说明任天堂想要积极地影响人们的生活，为人们带来好的改变。对任天堂来说，迈出这一步所带来的回报是巨大的。近年来十分受欢迎的"脑龄测试"游戏，其实销售量已经超过了 Xbox 360 和 PlayStation 3 游戏的总和。

让我们从宏观的角度看看任天堂创新革命的背景。索尼和微软希望 PlayStation 3 和 Xbox 360 能够成为网络专家所称的"数字生活中枢"，即人们消磨时间、做更多无意义活动的地方。与之相反，任天堂希望 Wii 和 DS 成为更好的生活方式的核心——游戏将让人们长久地、切实地受益，让他们在身体方面、社交方面和精神方面都更健康。几年前，任天堂推出的

GameCube 损失惨重，其未来受到严重质疑。而今天，任天堂比对手更投入地关注建设型商业模式，从而获得了助力，重回电子游戏的王位。索尼和微软被甩出多远？微软和索尼卖出的 PlayStation 3 和 Xbox 360 加在一起才刚刚抵得上 Wii 的销售量。

总　结

设想在竞争极为激烈的环境中，成千上万的低成本生产商可以在任何时候、任何地点提供任何产品，而你仍然追求差异化产品所产生的薄价值——那你就死定了。21 世纪的企业优势取决于对"意义"的重新定义，从而抛弃真正无意义的行为。假设在世界的某个地方有这样一家企业，它掌握了社会效能的精髓，能够为大众创造更幸福的生活，带来积极的影响，从生产产品转换成改变人们的生活——那么这家企业就会让传统的企业显得完全落伍。除非你能做出些改变，否则迟早会被大众、社区和社会抛弃。

请快速对照下面几项，进行反思，问问你自己：

- 如果你的企业和大多数企业一样，仍然在做所谓的产品细分，以获得肤浅的产品改进为目标，在一个几乎一模一样的大环境中生产没什么本质差别的产品，那么请深入地问问自己：你的影响力体现在哪里？你的产出带来的结果是什么——是积极的还是消极的？你的产品和服务对公众、社区、社会和后代的幸福产生影响了吗？你所做的事情在真正的经济标准下有意义吗？

- 你的企业的产出能够或者应该带来什么样的结果？在之前所列的四个需要改善的方面中，你能在哪几个方面产生积极影响？仔细入微地观察你的顾客的日常生活，看看哪些福利是他们最缺的，也就是说哪些方面是最有价值的？

- 你如何保证每个人都能获得切实、积极的结果？你如何改善每一位采购者、供应商和顾客的生活？

- 想一想，哪些带来幸福生活的要素——包括辅助性的、有益的产品和服务的组合——能让原始的、无生命的产出变成有意义的、改变人们生活的结果？你将如何让产品产生积极、持久、有意义的影响力？

Constructive Strategy

From Dumb Growth to Smart Growth

7

建设型战略：从盲目增长到智慧增长

Constructive Strategy

From Dumb Growth to Smart Growth

现在你已经拥有了 21 世纪的商业模式。那线性的价值链呢？忘掉它吧。你现在的生产遵照的是圆形的价值循环。你不能专断地提出价值主张，而是要展开价值对话。价值创造的首要原则已经被精确地写进了企业的经营哲学。市场完善，而非市场保护，才是你追求的目标。你创造的不再是无生命的、单纯的产品，而是更好的生活。

恭喜你攀登到了更高的层次，欢迎登顶。制度是基石，经济学是建立在制度之上的基础架构，而顶层则是企业的增长。增长意味着要掌握新的优势来源以及优势所依赖的基石。成为建设型企业的第六步——建立建设型战略——是颠覆传统商业的最后一击：搭建新型的顶层。

* * *

在本书的最开始，我讨论了 21 世纪前十年里经济危机所带来的后果。问题不在银行、红利、紧急援助，而在于企业的基石。传统商业的制度基石拖垮了真正的繁荣。宏观经济层面的回报逐渐下降。仔细研究就会发现，增长（其本身就是衡量繁荣的一种有缺陷的标准）在不断地、有据可查地放缓，这不仅是在过去的几年内，而且在近半个世纪以来一直如此。过去的增长模式已经达到了极限，经济在衰落，发展受到限制，面临崩溃。

这种现象仿佛是违背常理的：为什么在经济全球化的今天，增长已无法得到保证？毕竟增长作为推动丰富性的巨大力量让我们的商业比先前的经济形式显示出更多的优越性。增长让传统商业具备了历史独特性，满足了社会的需要，对人们的生活产生了重大影响。

但问题在于：不是所有的增长在价值上都相同。伯纳德·麦道夫建立的投资基金有几十年的历史，而从前，这种增长模式曾被称作庞氏骗局。16 世纪，西班牙在秘鲁发现了一座银矿，国家没有对其进行投资，而是直接用银子铸造了几百万的货币，其结果就是恶性通货膨胀，以及连续两个世纪的经济停滞。沙特阿拉伯有丰富的石油矿藏，但至今没有建立一所世界级的大学、金融机构或高技术含量的产业。这个国家的增长是否有可能一直得到资源的支撑呢？我们要吸取的经验教训就是，有些增长比起其他形式的增长更有价值。

我个人把过去的增长称作"盲目增长"。这种增长模式最终都是不可持续的（不仅指环境方面），因为不论是从地区还是全球范围来看，这种经济模式都有自我毁灭的倾向。"盲目增长"要求穷人为富人牺牲，以此让富人消费更多短命的、无法留存的商品，而其生产方式仍然采用传统工业回报递减的经济模式。这些都是全球范围内不断强化对薄价值的追求所造成的必然结果。债券基金的传奇英雄、太平洋投资管理公司（PIMCO）的比尔·格罗斯这样解释了盲目增长："很久很久以前，我们的财富增长靠的是制造产品，而不是生产废纸。但过去的几十年里，我们实际上掏空了未来的生产力，这一牺牲所换来的无非是一些废纸，比如次级贷款、互联网泡沫，甚至某种程度上还包括蓝筹股股票。"这远非明智之举。

"盲目增长"所面临的三个方面的问题正是 21 世纪商业以及相关企业需要解决的三大战略挑战。今天，公司无法再通过牺牲穷人向富人销售有毒性的、回报递减的产品而取得繁荣，因为这样做对大众、社区、社会和后代都是毁灭性的。比起 20 世纪，21 世纪新的宏观经济环境就像一个更加冷酷的情人。过去对繁荣的定义已经不再适用，我认为是时候重新对 21 世纪的繁荣和增长做出定义。如果要我勾勒出大致的轮廓，我会这样说：投资财富最少的人群从而获得增长性回报的"智慧增长"，比起投资于财富最多的人群获得递减式回报，更具竞争力。

工业时代的盲目增长是薄价值、低质量的增长，而智慧增长是厚价值、高质量的增长。比较一下，潺潺小溪的漫延和胡佛水坝的奔泻冲击①，这就是薄价值和厚价值的差异。智慧增长意味着储蓄（而不是过度消费）推动投资，并且是由最穷人群中最富的一部分产生投资（而非相反方向的资本流动），意味着以网络逻辑来管理资产并不断获得回报（而不是资产回报日益降低，如传统工厂、内燃机或快餐行业）。

能够取得智慧增长的企业，才能真正攀上 21 世纪经济的巅峰：这些企业在新的发展基石上建构了企业优势的最高、最坚实的基础。在过去，耐克、谷歌、沃尔玛及苹果公司都被盲目增长所羁绊；而现在，这些企业实现的是智慧增长——虽然发展得并不完美、完全或彻底，但足以突破限制，产生不同以往的出色表现。这些案例向我们揭示了所谓"智慧增长"的智慧在何处。由于这种增长模式建立在更坚实的价值基础上，不会轻易坍塌，智慧增长更坚固、更持久，对大众、社区、社会和后代也更有价值。这就是像阿迪达斯、雅虎、塔吉特、Gap 和索尼一样仍然在追求盲目增长的企业在惨痛的教训中所领悟到的。

建设型战略的关键就在于重新确定繁荣的边界，把盲目增长转变成智慧增长。传统企业采用的是竞争性战略，其目标通常都是股东价值的最大化。而建设型企业则采用建设型战略。其目标又是什么呢？使厚价值的增长最大化，从而激发智慧增长。

---

① 胡佛水坝是美国的一项关键性工程，规模巨大。——译者注

建设型战略使组织通过变革对大众、社区、社会和后代产生实际帮助，从而战胜对手、在竞争中取得佳绩。成功的建设型战略，不仅使数量增长，还会让质量提高，既有击碎现状的力量，也有筑造新构架的能力。

成功的建设型战略将运用新的优势来源来使结果最大化，也可以理解为，最大限度地消除经济危害。个中高手则会通过创造最高质量的价值来取得最大的胜利，实现最大的建设型优势，推动最具智慧的增长。

游戏板

那么该如何创立自己的建设型战略？请使用建设型企业游戏板（见图 7—1）。这个工具可以用在很多方面。通过它，我把如何成为建设型企业的方法——获得更高层级的企业优势——用生动形象的方式展现出来。这个游戏板不是魔法杖，更不是灵丹妙药，它只是呈现了建设型企业战略的格局，会帮助你从大处着眼，思考在 21 世纪激烈变革的环境中参与竞争的方式、范围以及原因。你可以用这个游戏板来看看你身边的哪些对手将会成为未来的竞争者，哪些对手基本上注定失败。你也可以追踪并掌握对手的动向，看看各个行业里哪些企业在崭露头角、迎头赶上。或者你可以直接用它来辅助自己建立具有变革性的建设型企业。

更厚的边际价值

建设型竞争手段			本土智慧增长	全球智慧增长	经济智慧增长
意义		认知 灵感			耐克 苹果 Better Place 任天堂
创造力		真实		全食超市	沃尔玛
		独立		Shakti	
		共享		星巴克	
弹性		慷慨			乐高
		公平			谷歌
响应性		放权	findthefarmer，Jelli		
		目标性	无线 T 恤		
损耗 优势		集中性	Le Labo		
		耐久性	英特飞		

竞争范围

图 7—1　建设型企业游戏板

　　使用游戏板分两个阶段：（1）选择新的竞争范围，对竞争范围做出具体的决策；（2）在选定的范围内，确定建设型的竞争手段，即采取最具有颠覆性的竞争方式。

　　让我们对每一步进行详细分析。请记住，如果你想真正具有颠覆性，请在下面的阅读过程中自觉地思考一下你的企业所在行业及领域的不足之处是什么。

选择竞争范围

在游戏板的横向上，有三个智慧增长的范围：本土智慧增长、全球智慧增长、经济智慧增长。由于智慧增长是所有企业战略试图达成的目标，因此这三个方面也是 21 世纪企业的竞争范围所在，在潜在价值创造上逐级递增，其最重要的核心就是在经济上取得建设型增长。如果你没有在这些方面参与竞争，那么还是请回到 20 世纪吧，这说明你仍然活在过去。

下面我们要逐一分析竞争的三重范围，并讨论如何做出选择。

本土智慧增长

盲目增长对周围的大众、社区和国家都具有破坏性，因为这并不是建立在投资基础之上的，而是依赖于过度消费。21 世纪前十年的美国正是这种自我毁灭式增长的实例：人们贪婪地消费住宅、汽车和各种新奇产品，却没有投资于更好的教育、医疗、能源、交通、工厂、软件或者食品，其结果就是必然的经济危机。在很多发达国家这种情况都非常普遍，增长意味着用今天的疯狂消费来透支明天的美好。

20 世纪建立在消费的基础上，而 21 世纪增长的基础则是投资。在本土具有建设性意味着激励大众和社区自我投资，也就是投资于本地，而不应越来越多地消费一次性的且最终是毁灭性的商品。

在过去，印度的穷人日常交通花销都浪费在私营的、贵得离谱又经营不当的迷你公共汽车上。人们被迫为出行做专门的预算。而今天，他们可以自己买一辆 Nano 汽车，汽车是一项资产，虽然会贬值，但可以出售，是家庭资产负债表上的一项。在过去，跨国企业向印度当地人出售商品，而现在，Shakti 计划帮助贫穷的住在乡村的印度人获得小微贷款、存货及企业经营培训——人们可以成为小微企业经营者，管理自己的资产。这些都是教科书一样的本土建设型增长案例。

想要具备本土建设性，请问问自己：是否激励了公众、社区展开投资，而不是鼓励人们更多地消费？我们所出售的商品或服务是否能转化成公众和社区对自我的投资？如果没有，那么我们怎么能够做到？

全球智慧增长

从全球范围来看，盲目增长在各个国家、社会和地区都是自毁灭性的，因为这种模式要求牺牲穷人而撬动富人财富增长。在这样的条件下，资本将向回流动：从诸如中国和印度这样的新兴市场流向美国和英国这样的发达国家，从而支撑日益加剧的短暂的过度消费。发展中国家的增长逐渐依赖于发达国家的过度消费，而发达国家的增长依赖于对发展中国家举债。这种抢椅子的游戏、相互依赖的恶性循环，无法无限制地继续下去——因为最终发展中国家只是在回收发达国家所消费的美元和英镑。穷人借钱给富人的增长方式所刺激出来的消费扼杀了双方有意义的投资。因此，过去的商业模式无法支持一个真正共荣的世界。

全球性的建设型增长是让富人投资穷人，从而使双方都能在未来受益。想一想这和 20 世纪末最受欢迎的经营模式有何不同。在过去，设计、生产的离岸外包，或许还包括对低成本、贫穷国家提供服务，都是 CEO 们最喜欢使用的策略。当然，问题就在于，较贫穷国家所产生的收入是起伏不定、不牢靠的，必须依靠发达国家过度消费、促进增长。否则就没有人会参与消费活动。那么最后的结果是什么呢？发达国家出现大面积失业和技术危机，穷人财富增加的可能性被牺牲了。

21 世纪的企业力求使低成本生产者转变成厚价值创造者：它们投资于原价值创造者，与它们合作，给它们回报。原因何在？这是因为当低成本生产者转变成厚价值创造者后，为穷人创造了新的净值，全球经济不再依赖于发达国家的过度消费，不再以牺牲贫穷国家的利益为代价，不再搭建空中楼阁。最终，只有当每个人都能持续地获得财富时，消费才会扩大，增长才能可持续地进行。

为什么星巴克为公平贸易项目投入了重金，在咖啡的已有价格上增加额外费用？因为溢价部分可以让低成本的咖啡种植者有机会自我投资，甚至成为高价值咖啡的行家，从而反过来有能力实现更高水平的消费。在星巴克的新模式下，资本开始持续地从富人向穷人流动（虽然规模不大，但至少是一个好的开端），穷人帮助推动了真正的繁荣共享，各方都乐见其成。

想要具备全球范围的建设性，请问问自己：生产的最终结果是否使资本从富人流向穷人（不只是接近），而不是相反？我们是否为发展中国家的供应商提供投资，而不是压榨他们？我们是否帮助他们掌握技能、开发潜力，让他们的生活得到持久的改善，而不是像对待商品一样地对待他们？我们将采取什么样的行动，扭转牺牲穷人满足富人的恶性循环？

经济智慧增长

盲目增长反映在经济上也是自毁灭性的，因为过去商业模式主要表现为回报递减：资源使用得越多，价值就越低，其贬值程度就越大。工厂和机器损耗严重；知识资产会过时；广告迅速达到饱和点；规模化本身带来的回报下降：你可以销售大量的产品，但每销售一件其利润都会比上一个更少。和幸福度相比，消费本身所实现的回报直线下跌。

但这是以往的情况。今天，具有开创性的变革者打造了 21 世纪的新型经济模式——回报持续增长的网络逻辑经济。使用的资源越多，资源所体现的价值就越大，增值越多。经济层面建设性的产生，正是由于超高效的可持续性回报增加模式取代了拖沓、老旧的传统经济的回报递减模式。

听上去像科幻小说？在俄勒冈的比弗顿，这已经变成了现实。跑步爱好者使用耐克⁺的产品后跑步成绩越好，对跑鞋的磨损就越快。熟练的跑步者对跑鞋的磨损越快，从耐克产品中受益越多，就越能享受持续技术研发下更高级、更结实的跑鞋。在不久的未来，耐克越集中地翻新产品，成本结构就越低。这样的经营模式旨在不断提升产品使用的回报，而不是让产品在出厂之后回报逐渐下降。耐克拥有十分成功的 21 世纪商业模式——它将有形资源与回报增长的网络逻辑完美地结合在一起。

和耐克一样，沃尔玛也在回报增长的网络经济中建立了 21 世纪商业模式。当你从建设型的沃尔玛超市购买了商品和服务，你也惠及了环境。自然环境自我修复，于是成本降低，这使得沃尔玛能够相应地调整价格，为你带来更多购买商品和服务的激励。沃尔玛的目标就是解锁这个良性循环，让厚价值源源不断地促进回报增长。这就是该企业的基本方针。当然，未来十年沃尔玛面临的最大挑战，是如何协调价值循环来使这种理念遍地开花。从更深的一层来看，为了达到这一目标，沃尔玛首先从理念上向前跨了一大步，找到了更智慧的增长模式，提升了整个企业的状态。

想要获得经济层面上的建设性，请问问你自己：我们是否仍然受控于回报递减的传统经济模式？我们如何向回报增加的网络逻辑转变？我们如何让产品、服务或者资源在被使用的过程中不断得到提升？

你参与的竞争处于哪个范围？你是在本土、全球还是在影响力最大的经济层面参与智慧增长的竞争？

选择建设型竞争手段

改革家都需要辨识一些亟待改革的对象——也就是那些令人无法忍受的、特别糟糕的盲目之处。当企业优势的新来源帮助去除了最大、最深、持续时间最久的经济损害时，这些优势的新来源就能得到最大限度的发挥。变革产生之时，就是建设性最大限度地清除了破坏之时：新的理念所传播的地方，就是把剥夺大众、社区和社会利益或者将成本转嫁当成正当商业模式的地方。受传统商业模式损害最严重的地方，就是建设型战略最能发挥效果的地方，因为这样的地方正是经济危害可以被阻止并转化成真正有意义、可持续的价值的地方。简言之，这是把最薄的价值转换成最厚的价值的艺术，而最盲目的增长则向最智慧的增长转型。可以把这种经济的变革看作一种新的等式：创新的贡献等于建设型优势减去你的竞争对手对大众、社区、社会和后代造成的破坏。

在建设型企业游戏板的纵向上，按照创新程度由弱到强自下而上地排列了11种建设型竞争手段（见图7—1）。其核心就像人体的穴位——把这些手段想象成薄价值的神经系统。在这些地方，传统商业的基本理念创造了最薄的价值，也意味着最厚的边际价值将在这些地方产生。每一种建设型竞争手段都是抛弃传统商业干巴巴的教条的一种尝试，其目的都是要将薄价值加厚，成为经济上的双层软糖、三层焦糖外加奶油的圣代冰激凌。

就像日本合气道高手会直击对手的穴位，同样，游戏板也可以对传统商业的对手产生致命打击，这是对日益上涨的深层债务的本垒打。对传统商业竞争对手熟知的、基本的竞争手段的改变（如集中性），已经不是你爷爷辈使用的办法了，这些手段将冲破盲目增长的防护堤，将其转变成智慧增长。因此，建设型竞争手段可以使老牌企业——这些企业通常建立在薄价值的基础上——目瞪口呆、步履蹒跚，或者动弹不得，就像合气道的新手被行家击中了要害。下面我们就来看看，每一种手段是怎样起作用的，以及你如何创造自己的手段。

耐久性

资源再利用在什么情况下最具冲击力？当价值链主要由一次性生产来支撑的时候。这很容易看出端倪：频繁、长久且全方位的浪费，无论是直接还是间接来看，处理成本都十分高昂。当一次性生产长久地出现在行业和市场中，深度所有权（对产品和服务的所有权超出了一次性处理的界限点，而走向整个价值循环周期）将会显著地改变价值的创造方式和利润的流动方向。很多公司会向你兜售剃须刀、牙膏、球鞋和家具，但一旦你完成购买，这些商品就永远是你的了。有多少公司能在这种消费之后还继续对这些产品持所有权？几乎没有，这就是为什么转变一次性生产是新型战略的一条康庄大道。英特飞的 Re-

Entry 回收再利用项目对一次性生产形成巨大冲击，如今耐克对运动鞋的再制造也是在做同样的事。这两家公司都明确地洞悉到，对手的价值链中的资源将会枯竭，解决办法是重新购买。但在价值循环体系下，同样的资源池可以持续不断地一直流动下去。这就是智慧。所以只要你看到有一次性生产存在——转变它，你就会实现耐久性。

集中性

资源再利用还可能在什么地方产生巨大影响力？当生产和消费分散各处、间隔距离过大的时候。有三种迹象可寻：生产和消费之间距离大、耗时耗力；供应链管理过于精细，成本过高；长期的库存风险。把生产和消费在时间、空间上尽可能地拉近（让二者变得绝对本地化），这些产业就会创造新价值。以香水为例。工业时代的香水仍然在工厂生产，而 Le Labo 则是香水产业的革命者，在商店里当场制作产品，就在你的鼻子底下调和各种原料。其优势在哪里？你得到了更新鲜、更强烈的味道，享受了真正可持续的好处。Le Labo 库存很少，降低了经营风险，产生的浪费也变少了。集中性意味着拉近消费和生产的距离。当企业掌握了这一技巧，像 Le Labo 一样开始经营，结果就是增厚的价值和更加智慧的增长模式。因此，只要你看到在生产和消费之间、在购买者和供应者之间出现了令人受不了的鸿沟，就要去寻找集中性来弥补它。

目标性

在什么地方民主最能产生冲击力？在响应性缺乏的地方。在很多产业中，一个基本问题是企业缺少做决断的能力。这些组织就如同僵尸一样，直挺挺、漫无目的地走过一个季度或者一个财年，没有具体目标和设想。僵尸产业有四大特征：创新缓慢、缺乏新意；客户热情度不高；品牌资产衰减；市场投资增加。想一想 Gap，在效益还算不错的十年里，拼命生产花哨的服装，结果大批量出厂的是不断重复的产品，而利润却在流失。Gap 就像僵尸一样，失去了判断的智慧：企业无法看到未来的时尚趋势。但是无线 T 恤不懈努力，迅速对需求做出反应，Gap 对此只有困惑、不知所措。通过民主决策的力量，无线 T 恤把一度瘫痪、濒临脑死亡的行业救活了，让服装行业对有目标的生活做出积极反应。这就是智慧增长：无线 T 恤没有进行无目的、重复性的大规模生产，避免了产品最终打折出售的厄运，而是有目的地实现对大众、社区、社会有意义的回报。因此，当你看到僵尸产业时，不要去摸手枪打死它，而应创建平台，播种民主的种子。

放 权

民主还在什么地方有影响力？大众、社区、社会在经济上受到管理决策的损害，并且持续不断地被剥夺权利从而不能影响决策。下面是剥夺权利的三大特征：消费者反应冷淡、感觉不快甚至抵触；过多的宣传和市场营销支出；企业被过度监管。没有哪里比音乐产业更能体现权利剥夺了：消费者被唱片业绑架，唱片公司操控排行榜，向电台行贿，如果消费者有意见就起诉它们。Radiohead 开始清理这团乱麻，让消费者自己定价。新的服务包括 Jelli、Last. fm、Pandora。当然还有 iTunes，它让这个产业完全改变了，为乐迷们带来了民主化的音乐消费。结果如何？越来越多的艺术家决定不再需要排行榜。当初麦当娜和 U2 正是放弃了排行榜而选择了 Live Nation 这家现场音乐会推手，才取得巨大成功的。因此，当你发现了权利剥夺现象，请在那里种下一颗民主的种子。

公　平

弹性什么时候最有破坏性力量？没什么比不公平的赛场更能显示弹性的缺乏了，因为这实际在表明："我们不会在自己的强项上去竞争。"在这样的行业和市场，公平能够将盲目经济转变成智慧经济。不公平的赛场有以下四大特征：没完没了、成本高昂的诉讼；缺乏创新；消费者选择匮乏；挤压效应，即购买方和供应方都被挤出了商业过程。媒体就是典型的例子。这个产业严重依赖于广告商和出版方的单边支付，内容被无关的广告裹挟、打包出售，广告和内容灵活定价，这些都是不公平的竞争优势。谷歌的原则是利用大众媒体为武器，消灭违背商业道德的行为，还听众、音乐家、广告商一个更好、更公平的选择。谷歌现在拥有的优势正是由于该企业一直坚持这项原则。我们能学到什么道理呢？从不公平的竞争环境中得到的 1 美元几乎会被一分一分地扣回来，甚至损失得更多。革命性的优势及其推动的智慧增长，只有在公平的赛场上才会发生，因此如果你看到有不公平的环境，请把它铲平。

慷　慨

另一个能体现弹性的破坏性力量之处就是企业争相囤积资源的地方。囤积策略有三大表现。有时候，在软件、生物科技和纳米技术等领域，企业设立大量专利，阻止竞争对手进入市场，导致大量专利搁置不被利用，它们的用途仅仅在于防止竞争对手进入市场。有时候，在食品零售业，竞争企业建立"土地银行"（不被使用的地产资源），就是为了阻止对手获得黄金地段。有时候，企业囤积客户，来防止对手抢夺关键客户，比如在金融领域，银行为客户提供优惠的利率、折扣和服务。在玩具业，企业囤积设计方案、编辑目录手册，在设计方案已经商品化之后小气地保护已经过时了的商标、图案、人物形象。这些企业的潜台词就是："我们拿不出更好的东西了，所以我们要囤积以前的东西，目的是垄断市场。"

乐高玩具工厂扭转了这种局面。乐高没有囤积玩具设计方案，而是开放设计资源，使其成为共有资产。其结果如何呢？乐高不再花精力去勉强维持回报逐渐下降的旧设计，因为乐高玩具的用户和"乐高大使"项目一直能供应新的设计方案，激发新的灵感。慷慨意味着像乐高一样把从前被囤积的东西拿出来交易、出售、授权甚至分享，这样更好的产品才能出现，实现智慧增长。因此，当你发现哪里有囤积现象，就改变这种状况，使用慷慨策略：你所取得的革命性优势会给你回报。

共 享

建立更完善的市场，在哪里会显现价值？在很多价值链中，挤压是一种既定规则：通过挤压购买方和供应方，企业提升了自身利润。但是这很少能真正意义上创造价值。而挤压的负面效应，会摧毁价值链的创新能力。如果你不能投资于公众、生产或流程，你就不能创造新市场、新产业和新的分类。其显著特征就是：供应商和购买方一直处在水深火热之中，创新力不温不火，上游和下游企业的工作条件都很差。在价值链中，没有什么比抛弃挤压这种做法更具革命性的了，取而代之的是共享——将溢价用于对供应商和购买方的投资，做大蛋糕，让每个人都有份。

星巴克对挤压的攻击十分猛烈，星巴克公司承诺：销往英国、爱尔兰（最近又加上了新西兰）等国家的咖啡，其原料将全部从公平交易政策认证的机构获得。有人可能会不喜欢这个例子，但我的目的并不是宣扬星巴克的伟大。我要强调的是，这种承诺的目的是让咖啡原料供应商自我投资，最终创造独特的、更好的咖啡，从而产生新的饮料分类和新的细分市场。这是智慧增长的开始，会反映在人的成长上，而不是反映在产品数量的增加上。因此，只要你发现了挤压的现象，不论何时何地，请找到竞争者的问题，用共享的策略取而代之，把创新放在优先位置上。

独 立

另一处体现完善市场优越性的领域，就是人们在经济上越来越脆弱的地方。特征是什么呢？生活不稳定性增加、工资水平低、家庭收支没有增长、公共服务限制性大。在这样的地区，增加创造力、创造新行业和新市场将极有冲击力。智慧增长出现就是因为人们发现任何一种投资都是不可能的。在印度乡村的穷人身上，这一点体现得最为明显。

Shakti 项目为乡村的低收入女性提供小额贷款，是冲击经济不稳定的绝佳案例，让盲目增长转变成智慧增长。Shakti 项目的参与者不仅仅购买商品，还开始自主经营，获得了稳定的收入。当经济不安全感消除后（虽然不是永久性，但足以改变贫困的生活），共享的经济繁荣在印度联合利华公司、当地村庄和村民中都得到了实现。智慧增长只有在公众、社区和社会的收入都增长的时候才会发生；当资产也得到增加之后，人们就更加独立，不再依赖于愚钝的、被消费所推动的增长模式。因此，当你发现普通的商业模式无法提高人们的尊严，无法使人们摆脱脆弱感时，那么就需要向相反方向努力——帮助人们找到独立性。

真 实

什么情况下产品真正的意义而非其通过媒体传达的表象能体现出价值，体现出突破性力量？很多产业都关注假货，但还有许多看上去是真货的产品也是虚假的。产品真正的意义可以淘汰那些集中于虚假噱头的产业（在主要投入和产出方面伪装是优质的），获得建设性。

这样的产业具有三大特征：第一种是人物伪装，比如 Gilly Hicks①，她的形象在每个店里都有。Gilly 是一个虚构的人物，是 AF 公司所创造的一个身着休闲装的女性，人们甚至能了解到她家族三代的历史。第二种是原料伪装，如欺骗人们身体感官、增强口味的增味剂，这种东西是完全没有营养的。第三种是品牌伪装，如哈根达斯。这个名字是该公司新泽西总部办公室里的人拍脑袋想出来的，只是让名字听上去更像来自瑞典（说到造假还不得不提到，冰激凌包装盒上的图片是斯堪的纳维亚的地图）。这些行业关注的都是对相似商品的细分：企业过于关注产品的主要投入与产出，而对于真正能为人们生活带来改变的有意义的结果，传统企业是不关心的。

全食超市则颠覆了食品行业，拒绝人工色素和添加剂。为了实现更好的结果，全食超市只卖货真价实的产品。想象一下这是多么令人欣慰。智慧增长从来不会建立在广泛宣传噱头的

① AF 旗下的一个服装品牌。——译者注

基础上，它永远是诚实的结果。因此，当你看到有造假的情况，无论多么逼真，都要用健康、有意义的真实来代替它。

灵 感

产品真实的意义还能在哪些情况下带来变革？某些行业和市场虽然没有伪装有优质投入和产出，但掩饰了结果。掩饰就是隐藏。很多行业努力地伪装、隐藏、掩盖负面结果，使大众、社区和社会无法获知真相。这样的行业和市场有三大特征："梦寐以求的"品牌；越来越复杂的细分导致的过高的营销支出；为保护某些标准和要求而展开的大肆游说。

掩饰结果的高手应该就是工业时代的底特律汽车制造商了。2008 年的第四季度，在大灾难来临的前夜，通用汽车花费几百万美元公开反对公司平均燃料经济（CAFE）标准，这一标准有效地限制了所有汽车每公里油耗。事实上，2001—2008 年，通用汽车花了一亿多美元来游说反对施行更加严格的 CAFE 标准，因为企业的收益大多来自 SUV 和卡车。通用汽车的理由是："消费者失去了选择权，司机安全性降低，资源将从创新活动中被转移出来。"说到掩饰，业内、业外人士都很清楚：通用汽车和同类企业只是在试图隐藏这样的事实——自从 1985 年起，这些企业在节省燃料方面几乎再也没有过突破性的进步。

像 Better Place 一样的创新企业拥有全新的理念，这些企业颠覆了底特律的掩饰手段，努力为大众、社区、社会、自然界和后代创造有益的结果。昨日的汽车制造商被抛弃，可再生能源汽车产业建立起来。具有革新的观念意味着能认识到（经常是灵感乍现）传统行业日夜忙碌着都是为了掩饰、隐藏和遮蔽负面结果——如果有更好的模式出现，这样的状况就会被攻击、包围、歼灭。这意味着对旧有逻辑的颠覆，并在原有基础上建立新的理念，认识到过去的策略是愚钝的，而未来的增长会是智慧的。因此，无论在哪里，如果你感受到了掩饰的存在，请考虑用新的方法代替它。

认　知

在很多行业和市场，与企业宣传的情况相反的才是真实的。这并不是说老牌企业故意隐藏负面结果，而是它们好像根本没注意去创造持久、积极的结果。反过来，对好结果的忽略导致消费者、购买者和供应者被孤立，甚至被无视，他们只被当作最底层的分母。这样的行业有三大特征：客户孤立、流失、冷漠；过高的市场营销支出；生产、研发、创新预算缩水。十年来，电子游戏行业实行超级品牌制度——从 FIFA 这样的体育类游戏到 Marvel 这样的内容制造商——这样一来，游戏发行商编码一个游戏，然后无数次地做微小的改进。FIFA 2003 之后有了 FIFA 2004、FIFA 2005、FIFA 2006。结果呢？整个行业失去了活力和创新力。消费者和研发者都感到挫败，零售商也是一样。这是不可避免的，增长停滞了。

这时候任天堂出场。Wii 游戏具有革命性意义，这是因为任天堂关注结果，迫使产品做出非凡的创新。任天堂的变革在于使游戏重获意义。如果你买了 Wii，实际上这种有创意的游戏会帮你变得更聪明、更愉快、更健康。对于耐克来说，对鞋类产品的创新也是一样的：为了解决孤立和漠视的问题，耐克把关注点聚焦在改善生活方面。通过发现在人们心底能引发共鸣的、有意义的事物，抛弃没有意义的事物，任天堂和耐克都达到了智慧增长的高峰。因此，如果你看到有忽视、不尊重或者完全无视好结果的情况，请特别注意，找到能够替代它们的新模式。

总　结

在过去，经济繁荣的最大问题在于：在长时间内，你能比你身边的竞争对手多创造多少价值。而今天，繁荣的最大问题是：和最强的竞争对手相比，你能多创造出多少真正、持久、有意义的价值。20世纪以消费为主导、深陷债务危机、回报日益萎缩的增长方式在本地、全球及经济层面上都是不可持续的，因此已经不适应21世纪的繁荣需要。奄奄一息的盲目增长模式下，利润越来越稀薄，企业逐渐走向自我毁灭。新一代的变革者并没有模仿这种模式，而是建立了更加有弹性的、智慧的增长模式，一点一点地赢得了繁荣的挑战。这一模式是由投资主导的，没有深层债务的负累，回报不断增加，利润不断增厚。

商业的顶层就是增长，一旦你攀登到了制度创新的顶峰，成为建设型企业的最后一步就是如何建立新的顶层，即新的增长模式。你是否已经从竞争性战略跨越到了建设型战略，从只注重股东价值增长转变到对厚价值增长的关注？你的发展是越来越快、越艰难、成本越低，还是越来越智慧？下面几点请对照参考。

- 在你的行业、领域或细分市场内，存在哪种薄价值的穴位？在每一种建设型竞争手段中，你的对手、购买者和供应商都采取了哪些价值破坏行动？你又采取了哪些行动？

- 哪些是小漏洞，哪些是大裂缝？哪些情况会导致对公众、社区、社会和后代最重、最深的伤害？

- 你将用哪些建设型竞争手段来解决问题？你将如何把薄价值变厚？厚价值将如何增长，从盲目增长转向智慧增长？

- 如果以上几点你都不做，竞争对手有没有可能来攻击你？如果环顾四周，看看你身边和远处的对手，你觉得谁会掌握建设型竞争手段，谁已经拥有了属于自己的竞争方式？

Constructive Capitalism

建设型企业

Constructive Capitalism

伟大的约翰·梅纳德·凯恩斯在经济大萧条之后，对传统发起挑战，颠覆了当时的经济学理论。他曾这样说："过去几百年的商业模式并不成功。它不聪明、不美丽、不公正，缺乏德行——它并没有带来好的生活。"而他的下一句话更加有洞察力："当我们想知道用什么替代它时，是最困惑的时候。"我的拙见：是时候用一种更好的商业模式来取代旧有形式了，那就是聪明、美丽、公正、具有美德的商业，能带来更好生活的商业。它具备 21 世纪新世界的特点，具有深度的、不可逆的、革命性的共生性。

因此我认为：20 世纪的商业模式不适应 21 世纪的经济发展，20 世纪的企业也已过时。这些企业陷于两难的困境之中，这充分说明：21 世纪的最大挑战不是用稍好一些的方法来生产、营销和销售以债务来支撑的、消费驱动的、回报不断降低的产品。相反，关键在于学习如何避免以上的问题，就如同很多建设型企业所做的那样。21世纪商业的目的是在赚取更多利润的同时产生更少的损害，而不是陷入利益的旋涡，不择手段。

如今，大部分企业似乎都陷入这样的窘境。那么少部分变革者是怎样打破这个魔咒的呢？我之前曾与大家讨论了制度创新企业的五大基本理念，但是这里我想再深挖一下，我认为有一个更本质的理念在做支撑：更远大的目光。打破界限，改变世界，造福人类。

对建设型企业来说，商业不仅仅是一种零和游戏。相反，正如Twitter的CEO威廉姆斯在向我介绍企业建设初衷时所说的："这是一种为世界谋福利的力量。"在变化万千的各种挑战面前，这是企业的核心，无论困难是大是小，是汹涌奔腾还是漫长无期，是发生在本地还是蔓延至全球。有了这种力量，企业会在传统商业模式日落西山之时，找到满足大众、社区、社会和后代需求的方式。建立起新的制度理念，并在这之上建立更强大的经济基础，使上层建筑更加智慧，这些具有变革力量的企业就会让这个世界变得更好，虽然路途充满艰辛，有许多坎坷和不完美。

威廉姆斯为企业设定的第一条基本理念，源于Twitter团队不断提出的这样一个难题："我们为什么存在？"对于之前我们曾讨论过的大多数变革性企业来说，情况都是相似的：在走向建设型企业的道路上，总是要回答这种具有挑战性、与时俱进的问题，而这也是传统商业走向衰落时刻意回避的问题。破坏环境的能源产业好在哪里？如果媒体业不断传播恼人的、无

处不在的广告，污染信息环境，那又好在哪里？如果生产消耗
了自然资源，好在哪里？如果银行毁灭性地毁坏了金融环境，
好在哪里？如果食品业导致了肥胖的爆发，好在哪里？如果服
装产业只生产了一些毫无新意的衣服，但工人的工作环境极其
恶劣，好在哪里？如果运动鞋不能让穿它的人感觉舒服，好在
哪里？谷歌、Twitter、沃尔玛、康帕图银行、苹果、格莱珉银
行、全食超市、无线 T 恤、耐克，这些企业的回答是："我们
能做得更好。"这些企业都不完美，但是它们能做得更好。对大
众、社区、社会、自然环境和后代更好，对董事会和股东也更
有益。

请允许我回顾一下背景。在 20 世纪，糟糕的被当作是好
的。企业的盈亏总额虽然向好，但最终结果对大众、社区、社
会却不好——这一结果可能并不会在短期以绝对的形式体现出
来，也不是企业有意为之。20 世纪的企业形成的商业模式往往
是这样"越糟越好"，鼓励人为造成的、不可持续的、无意义的
薄价值。这就是企业的两难困境。

到了 21 世纪，改善才是更好的。改变正在发生。在一个互
惠互助的世界，供求关系正在被重新定义：投资者、购买方、
供应方、政府和顾客都在回报那些摆脱深度债务的组织（反过
来，他们也会惩罚那些攫取他人利益而赚取利润的组织），因
此，一种更好的商业模式会有更好的经济表现。对大众、社区、
社会更有益的企业，将在未来有更好的收益，并且这种收益会
持续下去。21 世纪的企业建立了一种"越改善越好"的商业
模式。

请注意，这并不是说，我一挥魔杖就有了一个标准的解答公式，或者存在一个完美的答案。我要说的是，如果你想建立21世纪的建设型企业，如果你想建立更强的经济基础，如果你想得到更高一级的企业优势，那么你需要千方百计地设法解决眼前的难题，寻找自己的答案。

"越改善越好"的商业模式创造持久的厚价值，这种价值具有非凡的意义，并能不断增长。创造厚价值的企业通过各种方式为大众、社区、社会带来福利（或者减少损失），创造更多的利润，也为股东和董事会带来回报。相反，企业如果损害他人而攫取利益，不论是有意还是无意，都只能创造薄价值。厚价值是可持续的、有意义的、真正的价值。下面我简要地把这几点再说明一下：

- 可持续性价值意味着价值在生产和消费之后仍然存在，而不会像纸牌屋那样在几年、几个季度或几个月之后就轰然倒塌。经济泡沫无法支持可持续性价值，可持续性价值是由对未来的投资驱动的，现在消耗的以后会得到填补，现在播种的以后能得到收获。这种价值意味着一种更智慧的增长——因为这种价值不会不堪一击，更不会突然倒塌或崩溃。当你在21世纪新型企业沃尔玛购买食物时，对环境是有益的，其中创造的价值即便在你吃完食物后仍然会长久地存在。当你穿上了21世纪的耐克鞋，成为更好的跑者时，即便跑鞋穿旧了，其价值仍能在很长一段时间内得到保留。

- 有意义的价值意味着对他人的重要性。这样的价值
  对他人有更大、更积极的影响力（在成本相同的前
  提下），在人们生活中具有极大的重要性。利润的获
  得可以通过排斥、剥夺他人权利的方式实现，无论
  是购买方、供应方、竞争者还是消费者，其目的都
  在于为竞争对手设限，甚至将其消灭。但如果想要
  对他人的生活产生好的影响，为其带来意义，则需
  要接纳他人，赋予他人权利。Gap 的企业优势依赖
  于对供应商的挤压，无线 T 恤的优势则来自消费者
  的参与，他们共同决定产品的研发方向，获得了自
  由选择的权利。彪马把竞争对手赶出经销和零售渠
  道，获得了优势，但耐克的新优势来自跑步爱好者，
  企业帮助他们学习如何跑步，然后再让他们帮助其
  他人共同学习。

- 真正的价值是可以增长的价值，对董事会、股东、
  公众、社区、社会和自然环境都有益。竞争优势通
  常都是自私的，使企业为股东、董事会创造的价值
  与对他人造成的成本之间进行平衡。但企业的优势
  如果不能让董事会之外的各方持续地获益，这种优
  势在经济上则是没有价值的，因为这无法促进互利
  的、不断增长的繁荣，无法实现对未来的投资。相
  反，建设型优势创造真正的价值，让各方都能持续
  不断地获得收益。微软大量的不公平竞争受到监管
  者的诟病，这种情况下，谷歌采用公平游戏的方式

改善了大众的生活和社会的环境。耐克让人们成长
为更好的跑者并为他们提供可循环使用的产品，大
众、社区、社会和自然环境都变得更好了。

通过创造厚价值，制度创新企业就有能力自我突破，获得
更高层级的优势：建设型优势。这种优势意味着质量和数量的
双重升级。建设型企业不会向大众、社区、社会、自然环境及
后代转嫁成本或攫取利益，而是将经济损害最小化，以损耗优
势取而代之，从而激发响应性、弹性、创造力。最重要的是，
为人们带来持久的生活改善，增加人们的幸福感。

建设型优势来自哪里？来自我之前和大家讨论过的五大基
本理念——价值循环、价值对话、企业哲学、市场完善和幸福
生活。在此之上，才能建立起更强大、更广泛、更健康的经济
基础。传统企业致力于经营效率、战略灵敏度、经营效能、劳
动和资本的生产率。低质量的利润被最大化，与对大众的积极、
有形的影响分道扬镳。低质量的利润创造的是薄价值、伪价值。
而 21 世纪的企业将社会效率、社会生产率、管理灵活性、可发
展能力、社会效能最大化。高质量的利润增加，这表明大众、
社区、社会、自然环境和后代获得了有形的、可持续的收益。
高质量的利润创造了厚价值——真正有意义、可持续的经济
价值。

因此，"我们可以做得更好"，或者用威廉姆斯的话来说，
"成为"一种改变世界的力量。也就是说，在 21 世纪，当厚价
值被创造出来时，大量的高质量利润就会产生。请一定要明白：
厚价值不是那么容易创造的。这项任务足以让人绞尽脑汁，胆

小鬼是做不到的。很多企业面临挑战时都溃败而逃，就像倒霉的露营者遇到了灰熊。建设型企业的不同之处在于，它们要履行承诺，直面挑战，最后找到解决问题的办法。通过建立一系列变革性的制度理念，这些企业让厚价值得以实现，虽然整个进程速度不快，还时常充满艰辛，也有许多不完善的地方，但极具颠覆性力量。如果你不紧跟这一潮流，那么你对 21 世纪的用处，用葛萝莉亚·史丹能的话说，就像自行车对垂钓的用处一样。

　　大部分企业仍然把优越性理解为比一大群与自己密切相关的、熟悉的对手表现得更好。但厚价值强调的是，仅仅比身边的一个对手，或是身边的十来个、上百个对手强，在 21 世纪的优越性竞争中，是远远不够的。建设型企业并不依赖于在过去的标准上超越对手，它实际上在重新为成功下定义，其中体现了对大众、社区、社会和后代的福利；建设型企业所要获得的回报可以被称作"附加利润"，即附加上对社会、环境、人类及其他各种还未被探明的类型的回报。

　　因此，要获得 21 世纪的竞争优越性，需要建立一种"越改善越好"的商业模式，而不仅是比别人好。厚价值、摆脱了深度债务的价值能够带来回报更高、风险更小、更持久、更理想、质量更高的利润，任何一块钱都没有带来经济损害，而是反映了有意义的、长久的收益。因此，建设型企业比起传统企业对手，价值一点都不低，反而常常更具革命性、价值更高。

　　"越改善越好"的反面就是"越糟越好"。传统商业模式必然逐渐走向困顿，这是因为其在经济表现上越来越糟。也就是说，以 21 世纪的标准，传统企业在创造有意义、可持续、能增长的价值方面，效率低下、生产力差、没有灵活性、效果不佳。旧有的机制只能创造低质量的利润。因此，对企业、管理者和投资者来说，这都是一种不明智的选择。不断降低的回报率带给人们启示，这种增长方式对大众、社区、社会和后代也是不利的。

回顾一下本书所讨论的诸多企业。苹果和任天堂发现，创造"不可能"的新市场和新分类会产生更高质量、更低风险、更持久的利润，吸引大批投资者，同时可以摧毁像索尼、诺基亚这样的竞争者。当初这些老牌公司在激烈的竞争中，由于过度追求日益缩减的低质量利润，使得投资者渐渐远去。"三巨头"① 在 2008 年损失了 500 多亿美元，通用汽车史无前例地申请了紧急援助。虽然这些企业可能会渐渐恢复元气，在小范围内占据优势，但请和塔塔汽车的 Nano 比一比。塔塔的高质量利润来自全球范围内潜力无限、不断增长的需求，在未来比底特律汽车制造商有更快、更持久的利润上涨空间，而那些老牌企业由于固守昨日的市场和分类（如 SUV 市场），将牺牲掉未来的增长。当然，如果塔塔能再奋勇一搏，追求更高利润的增长，就有可能像 Better Place 一样，完全脱离汽油内燃机模式，进入可再生能源交通行业。

这样的道理可以用于浅显的地方，也能用于深刻的地方。谈到质量问题，可以想一下华尔街的利润体量。由于银行征税

---

① 指通用、福特、克莱斯勒三家汽车制造公司。——译者注

和其他税种的影响，华尔街的利润可能会持续降低。此外，拖欠率、对手违约、存款人逃逸等种种问题，也会增加风险，这些冲击银行和金融监管机构的风险因素成为关注的焦点。康帕图银行把拖欠率设定在 3%，这可能不会一直保持，最终甚至有可能会向更糟糕的情况妥协。但在全球银行业陷入危机的大环境下，康帕图银行已经获得了高质量的收益。摩根大通集团认为，康帕图"稳固的资产质量"会带来更加可持续、更智慧的增长。

据我个人的估计，无线 T 恤的利润已经超过 Gap，而且差距越拉越大。这不仅是因为无线 T 恤在生产、营销和打折销售等方面的成本更低——这些都适应了变幻莫测的外部世界，在更深的层面，这家公司的繁荣还在于其制作的服装对大众来说更有意义，更贴合了人们的喜好：风险低、非资本密集型、可持续的经济因素，反映了高质量利润的智慧增长。谷歌异军突起，比雅虎和美国在线获得了更高利润，更是超过了诸多大媒体利润的总和，原因就在于其发布的广告更少但更有针对性，收获了更智慧、更持久的增长。沃尔玛和全食超市用不同的方式创造了厚价值——前者关注环境健康，后者关注人类健康，二者都获得了高质量的利润和更智慧的增长，这让塔吉特和乐购这样的对手相形见绌。耐克并不是一个完美的企业，但是由于减少废料、循环使用原料、以结果为导向，该企业已经建立起了低成本、高收益的商业模式，减少了大规模市场营销、日常开支和原材料的使用，让股东和利益相关者获得了更大的回报。此外，耐克高质量利润的增长让阿迪达斯完败。

建设性就是当今的颠覆性力量。新一代的变革者横扫全球经济，创造了全新的制度理念，有能力战胜 21 世纪的经济挑战，在衰老、腐朽的废墟上树立了一面新的旗帜。那么变革的动力是什么？大概，只是大概，其动力可以被称作觉醒：不仅是对产品重新包装或者重构工作流程，而是重新对价值进行定义。

我前面所提到的企业中，没有一家是绝对完美的，它们并不是今日或者明天商业基石的缔造者。但是这些创新者以及更多的变革者为人们创造了一个美好的未来，因为坏的终归是坏的，好的一定是好的。在前行的道路上，这些企业默默坚守一个承诺——放弃过去商业的虚假繁荣，超越我们已知的商业模式，创造一个更丰饶、更有活力的明天。

我希望你跟随我一起看到的，是一幅更大的画卷，它打破了过去经济发展的限制。请把关注点从书中的企业名单转移出来，找到其中的线索，这样就能囊括那些目前还没被挖掘出来的有潜力的企业。为了建立"越改善越好"的经营模式，建设型企业不仅要超越对手，当然具有建设型优势本身已经把对手远远抛在身后了。放眼望去，从宏观的角度来看，建设型企业虽然有着各种不完善之处，但终将会改善传统商业中"创造性破坏"的价值等式。建设型企业在尝试将破坏带来的损失最小化，将回报最大化；它们产生的破坏性的、不公平的损失更少，带来的回报更大、更频繁、更广泛。

在我们生活的这个相互依存的世界中，有许多看不见却真实存在的关于人、社会、公众、社区、环境的消耗和回报，通过将这些消耗和回报纳入管理的核心地位；通过把从大众、社区、社会、后代和自然环境中攫取的收益或者转嫁的成本回馈给利益相关方，建设型企业制度破坏得更少，创造得更多。建设型企业逐步迈向了一种更有价值的商业模式：让每一块钱都能产生真实的、可持续的、有意义的价值，无论是美元、卢比，还是人民币。

为了生存和发展，企业必须自己完成这一转型。成为制度创新者，不要只是纸上谈兵地读读最近的经济蓝图，而是要制定自己的规划。我的目的不是帮你完成这个转型计划，而是交给你纸笔或者一些设计模板，帮助你完成属于自己的作品。

如果这个任务听上去有点可怕，那么请这么想：商业的发展是人类自己的杰作——就发生在这个喧哗、嘈杂的世界上。随着我们每天生活的展开，商业一直都在变化更新。就如同其他形式的人类发明，如果匆忙下结论说我们已经走到了发展的尽头、终点或顶峰，未免太过不谨慎；如果认为令人瞠目、具有无限可能性的商业将就此结束，也太过草率。

由于商业是鲜活的，其未来不可能在学术论文中，不可能在公告、规章制度、新闻标题、报纸文章、电脑模型、计算公式或者这本书中。我前面所提到的企业可能完全没有时间去考虑是否有可能大踏步迈进一种新的商业文明，这些制度创新者早就卷起袖子忙着描绘自己的企业蓝图了。

"那种更持久、更有意义、更真切的商业秩序，其根本来源何在？"这是商业界最重要的问题。很多年以来，我们都以为这个问题早就有答案了。但是真实情况可能是，并没有永远正确、简单明了的答案，只有更好的回答。我并不是说我给大家提供了全部的好答案，我希望你能从本书中得到的启发是：到了你重新向自己发问的时候了，就像许多建设型企业所做的一样。

换言之，新商业文明始于你，始于当今的企业家。所以阅读这本书，不要只是读，还要践行书中的理念。活在过去的人无法创造未来，创造未来的人从未停止质疑过去。你需要提出问题，永不停止。

图书在版编目（CIP）数据

新商业文明：从利润到价值 /（美）乌麦尔·哈克（Umair Haque）
著；吕莉译 . —北京：中国人民大学出版社，2016. 10
书名原文：The New Capitalist Manifesto：Building a Disruptively Better Business
ISBN 978-7-300-23356-7

Ⅰ. ①新…　Ⅱ. ①乌…②吕…　Ⅲ. ①商业企业管理　Ⅳ. ①F715

中国版本图书馆 CIP 数据核字（2016）第 217958 号

新商业文明：从利润到价值

[美] 乌麦尔·哈克　著

吕莉　译

Xin Shangye Wenming

出版发行	中国人民大学出版社	
社　　址	北京中关村大街 31 号	**邮政编码**　100080
电　　话	010 - 62511242（总编室）　010 - 62511770（质管部）	
	010 - 82501766（邮购部）　010 - 62514148（门市部）	
	010 - 62515195（发行公司）010 - 62515275（盗版举报）	
网　　址	http://www. crup. com. cn	
	http://www. ttrnet. com（人大教研网）	
经　　销	新华书店	
印　　刷	北京联兴盛业印刷股份有限公司	
规　　格	145 mm×210 mm　32 开本	**版　　次**　2016 年 10 月第 1 版
印　　张	7 插页 2	**印　　次**　2017 年 4 月第 2 次印刷
字　　数	131 000	**定　　价**　49. 00 元